闫萍／著

核心素养视域下
小学英语课程创新实践研究

HEXIN SUYANG
SHIYUXIA XIAOXUE YINGYU KECHENG CHUANGXIN SHIJIAN YANJIU

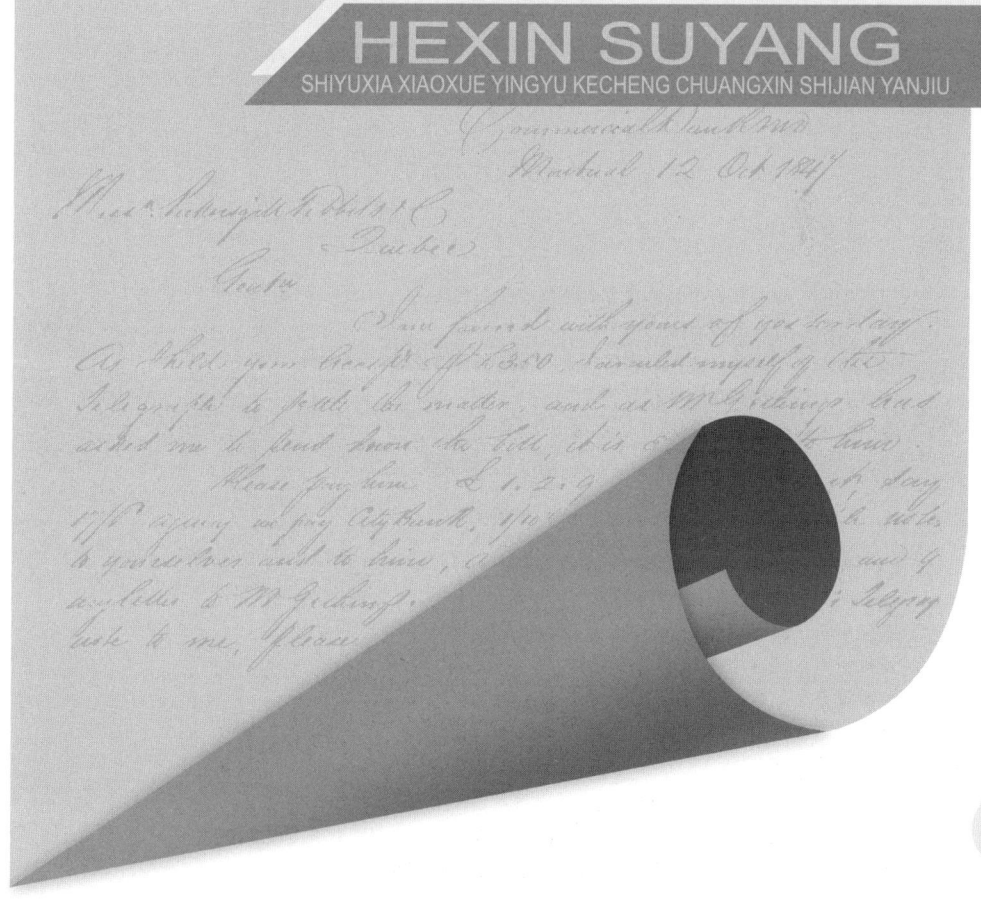

北方联合出版传媒（集团）股份有限公司
万卷出版有限责任公司

ⓒ 闫　萍　2023

图书在版编目（CIP）数据

核心素养视域下小学英语课程创新实践研究　/ 闫萍著.—沈阳：万卷出版有限责任公司，2023.3
　　ISBN 978-7-5470-6139-8

Ⅰ．①核… Ⅱ．①闫… Ⅲ．①英语课—教学研究—小学 Ⅳ．①G623.312

中国版本图书馆CIP数据核字（2022）第228408号

出版发行：北方联合出版传媒（集团）股份有限公司
　　　　　万卷出版有限责任公司
　　　　　（地址：沈阳市和平区十一纬路25号　邮编：110003）
印　刷　者：辽宁新华印务有限公司
经　销　者：全国新华书店
幅面尺寸：170mm×240mm
字　　数：240千字
印　　张：14
出版时间：2023年3月第1版
印刷时间：2023年3月第1次印刷
责任编辑：胡　利
责任校对：刘　洋
装帧设计：鼎籍文化创意　刘萍萍
ISBN 978-7-5470-6139-8
定　　价：58.00元
联系电话：024-23284090

常年法律顾问：王　伟　版权所有　侵权必究　举报电话：024-23284090
如有印装质量问题，请与印刷厂联系。联系电话：024-31255233

进步即成长

对前门小学的了解始于在崇文区工作期间，但当时我负责中学教学研修工作，所谓的了解仅限于其著名的地理位置与小学教研老师们的介绍。后来我负责北京市专题教育项目时，前门小学承担了一次重要的市级现场会，在多次的沟通与交流中，我对前门小学有了较为深入的了解。由于这次现场会的机缘，在开展基于欧盟核心素养的专题教育实践研究中得到了于立宁校长与老师们的大力支持，并于2018年由光明日报出版社出版了《欧盟核心素养在专题教育中的本土化实践》一书。这项研究，早于我国学生核心素养的发布，是通过专题教育落实核心素养在理论与实践探索方面的典范。

也是这次现场会的机缘我认识了闫萍老师。闫老师既负责专题教育方面的工作，又是英语学科骨干。她十分好学，思维敏锐，责任心强，曾多次就英语学科课程建设与我进行文本和电话形式的交流，因此也比较了解前门小学英语学科发展的近期历程与英语学科课程建设的情况。

不过，当闫老师把《核心素养视域下小学英语课程创新实践研究》

的书稿发过来的时候，我还是被震惊到了，我震惊于成果的厚重，深感成果背后老师们辛勤的付出。当然，更多的是惊喜，我为这所学校学科课程建设的速度与质量倍感惊喜。

自2001年以来，我国教育改革的驱动由"教学改革"升级为"课程改革"，即由微观层面的改革提升至宏观层面的改革，以此呼应宏观层面的政策变化，并跳出微观层面改革可能面临的方向失准、道路走偏等"低头拉车不抬头看路"的陷阱。

与改革层级变化相适应的是课程自主权的重新分配与下放。此前只有国家一级的课程管理与建设模式改为三级课程管理模式，其中难能可贵的是地方和学校获得了20%左右的课程建设权。北京自2015年起更是鲜明地倡导学校课程和学科课程的创新以促进课程整体育人的落位。

应该说课程改革为学校课程和学科课程的管理与发展提供了广阔的舞台，同时也为教师规划课程、开发课程和实施课程提供了权利保障。这意味着学校课程整体建设和学科课程建设有了新的增长点与发展方式，这对于学校和学科的特色化发展而言，都是极好的契机。

然而，不同地区和学校对这场改革的认识与实践存在较大的差异。一部分地区和学校并未完成对课程自主权的确权、用权、维权过程，更有甚者，在"权力就是责任"的观念驱使下不愿意接受课程自主权，还是照本宣科，只围绕国家课程这一级打转，继续在纯应试的旋涡中挣扎。前门小学英语学科主动应对改革形势的变化，主动谋求学科课程管理与学科课程建设的新发展高度，主动提升学科课程的供给方式与供给质量，的确是明智之举。实践证明，这种主动适应与应变，的确带来了学科发展、教师发展、学生发展的协同效应。前门小学英语学科建设的历程再次印证了学科课程建设的基本规律。

有魂的课程。学科课程的性质是该学科课程的魂，如英语学科的性质是工具性与人文性的统一。但这是一般意义上的，是学科哲学层面的。具体到一所学校的学科课程，学科性质层面的"魂"就演变成教学层面的"主线"，但学校的学科课程是与要教育的对象面对面交流的，就必然具有教育功能，体现学科的"灵性"，而不仅仅是枯燥的工具、以知识为载体的符号性文化。当时闫老师在做英语学科课程结构设计的时候，提到了"Progress"与"成长"两个关键词，我觉得很有意思，马上联想到了杜威"生活即教育"的著名观点，随即提出了"进步即成长"的课程思想。现在想来，这与语言学习的规律是合拍的。语言学习效果在人生历程中呈现的是递增趋势，除了极为特殊的生理性蜕变，人的语言会越来越丰富，越来越成熟。儿童的语言学习只要利用好这一天然规律，增速就极快。课程教学设计如果能围绕它设计言语环境，"成长"与"言语的进步"就会形成互促的局面，课程编制便有了"魂"。

有根的课程。我国的学科课程在2001年以前主要表现为学科教学，因为课程是国家编制的，教师没有改编的权力，忠实执行是基本策略，教学效果主要反映在教师"讲"的水平。学校获得课程编制权以后，在教育哲学体系和课程体系特色化、个性化表达方面的需求明显增长，一些学校开始着力于顶层设计，并由此走出了千校一面的状态。前门小学将本校的教育哲学定位于本真文化、自主教育，由此架构了三类四层自主教育课程体系，完成了对国家教育方针和人民需求的校本化整合表达。英语学科课程建设以此为根基，进行了完美对接与学科塑造。"Progress"与"成长"强调基于儿童的自主发展，尊重并不断培育儿童的自然天性。英语学科课程结构与学校课程结构一致，关注通用核心素养的三个领域，设计了基础类课程、拓展类课程、主题探究课程以及贯通培养课程（英语学习规划）四个层次，在此基础上融入四类学科核心素养。教育理念相通，学科特色凸显，可谓"根正苗红"。课程建设过程中，广泛吸纳先进的课程教学理论，如"全语言教学观""认知发展理论""多元智能理论""图示理论"中的认知视角、"任务型语言教学"等重要教育理论，可谓"根基稳固"。在课程供给与设置中，充分开展需求调研，了解学生与家长的意愿点、兴趣点、发展点，使课程建设接地气、近需求，可谓"寻根溯源"。

有营养的课程。如果把课程供给比作营养配备的话，课程建设需要掌握营养搭配的学问。在只有国家课程的时代，教师作为营养师主要是把搭配好的营养喂给学生，高明的教师多是善于改变喂法的教师。在三级课程管理时代，教师可以参与到营养搭配的各个环节，是课程营养学的直接撰写者。前门小学英语组系统设计了课程的营养结构，既注重丰富课程营养的类型和具体营养元素，又注意依据学生成长的阶段性和发展的层递性设计课程营养的阶梯；既解决了基于国家课程的营养适配性问题，又开发了适合全体和个体的新的课程营养；既关注课程营养吸收者的内在需求，又充分拓宽课程营养的供给链。这相较于单一型、硬塞强喂的课程营养范式必然有着质的区别。

有个性的课程。国家课程是普适性课程，广泛适用于全国范围内的学生，其课程标准的底限是每一个学生都必须达到的。即便如此，对于每一个学生而言，理解的方式、达成的方式、辅助的工具、铺垫性与支撑性的内容也都会有差异。在课程的末端——学生端，最有效的课程供给与服务是课程最终演变为学生课程，即课程变成了学生头脑中的课程。这意味着国家课程、地方课程要经历校本化、班本化、师本化的改造，最终生本化，而大量的校本课程则是针对学生需求量身打造的个性化课程。前门小学英语课程建设的目标是：

以学生的全面、可持续发展为根本目的，通过学校"Progress——成长英语课程"的整体设计，实现国家课程和校本课程的有效整合；实现必修与选修、基础与拓展、学科与活动、知识与经验、过程与结果的统一；形成能够促进每一名学生自主发展的多领域、多主题、多层次、可选择的课程体系，设计走向整合、关联、发展的课程，实现对语言的深度学习（即语言、文化、思维的融合），从中处处可见课程个性化设计的影子。

而让我感受最深的还是学科组在课程建设与管理背后的实践与转变。要知道，人都会有惯性，也会有惰性。面对课改，我见过许多种应付的面貌：跟着感觉走最后迷了路的有之，一哄而起又一哄而散的有之，龙头起蛇尾落的有之，船小（课改之船）好掉头的有之，徘徊观望者有之，表面课改骨子里应试的更有之。像前小英语组务实、理性、执着地推进课改的不多见。

我以为，课改时代最好的课程专业化发展与转型就是积极地参与课改。就拿校本课程开发来说，一位完整地经历了校本课程开发进程的老师和一位没有这方面经历的老师，他们的课程理念、对课程教材的理解与把握程度、课程实施的效果必然会有巨大的差异。前者经历了对课程基础与背景、课程思想与价值、课程目标与定位、课程内容与结构、课程实施与评价、课程组织与管理、课程创新与特色等方面的全面思考、系统实践，直至物化为校本课程方案与纲要，走过的是一条理论与实践紧密结合的课程建设之路，也是一条丰富学科知识、拓宽学科视野、提升学科理论素养、进一步洞悉学科本质、把握学科教学规律的专业化成长之路。前小开发了大量的英语校本课程，也一定开启了最好的教师专业化成长之路。

再比如参与了《前门小学"Progress—成长"英语课程教学标准》研制的老师们，一定对国家的英语课程标准耳熟能详，一定对区域课程和教研对英语学科的要求了如指掌，一定对区域英语课程资源进行了系统的摸排，头脑中也一定有一张学校教育体系的大表或图式，当然他们的心中也必然有本校学生的英语学习状况的画像。这还不够，他们必须将我国学生发展核心素养和英语学科发展核心素养无痕且个性化地融入到课程目标体系中，细化为课堂教学的要素与规则，并落实到课程评价的每一个环节与每一个要素。这其中的工作不亚于一项专业性很强的工程。特别是关于贯通课程标准、主题及其实施与评价的设计具有极大的挑战性。经此一役的老师们必然对英语课程有了更多更新的认知，在今后的课程建设与实践中能高站位、全方位、全要素地思考和处理问题，这比之任何一种培训都来得真切而有效。

课程改革为学科管理与学科发展提供了真实的舞台，为教师专业化成长、学科个性的释放与学科特色的定位提供了多种可能。前门小学英语教研组抓住了这个契机，群策群力，锲而不舍，久久为功，最终在英语学科课程本校化实践中取得了突破性的成果，可喜可贺。祝愿英语学科组不断深化英语课程改革，行稳致远，取得更丰硕的课程成果。

北京教育科学研究院　朱传世

2021 年 8 月 8 日于北京紫芳园

研究型教师的成长之路

闫萍老师的新书就要与大家见面了,作为一位扎根一线工作的小学教师,独立完成一本专著,可算是一项壮举!一位研究型教师的成长之路中,一定有克服困难的勇气和毅力,还有耐得住寂寞的苦读与冥想,这些都是令我钦佩的。

记得半年多前,与闫老师见面时她说起过要在"Progress—成长"英语课程体系研究成果基础上写一本书,我当时感觉这个挑战有些大而没太在意。而当几天前,她顶着骄阳,饿着肚子,从很远的地方赶回来见我,并低调地打开电脑,让我看她即将出版的书稿时,我真心为她感到高兴,也发自内心地感叹——这也正是我所认识的闫萍!

与闫老师相识,有十多年了。回忆起我们第一次见面的时间和地点,我们俩是有分歧的。她一定说是在她工作的学校——前门小学的区级课题论证会上。那是2011年前后的事情,对于那次结题会,我是有印象的,可是对闫老师这个人,却实在是没有一点儿印象。因为那时她太过普通,以至于被我的记忆所忽略掉。紧接着,闫老师自己立项了区级课题，邀我帮忙指导开题，那是我们第一次合作。我就两套研究方案与她商量：第一个方案比较简单易行，很快就能完成任务；第二个方案对于第一次做课题的人来说难度较大，也需要花费更多时间和精力，当然也更有研究的价值。闫老师毫不犹豫地选择了有难度的研究方案。十多年前，中小学里学科教师独立主持课题的还很少，主动这样"为难"自己的老师就更少了。

渐渐地，我们成为"密友"。说起与她的相处，我头脑中总是浮现出那几个场景：一个场景是，闫老师经常邀我"小聚一下"。这一聚就是三两个小时，我们彼此都没在意吃的是什么，而是不停地在讨论。说课题推进，说活动怎样设计，说论文采用怎样结构……以至于，我后来直接将我们的会面戏称为"鸿门宴"。再一个场景，闫萍老师每次的开场白总是这样的——"您知道吗，张老师？"紧接着，就是她这一段时间来所思考的问题：英语拓展活动、英语进阶阅读、英语校本课程、英语学科课程体系……每次都是她先讲她的思路，做了哪些事，然后就是困惑："我总觉得我理论不够，总想把这个问题理清。"因此，我知道，她在和我聊天前做了很多的学习和思考，也知道她总是执着地要把问题搞懂，搞明白。第三个常做的举动就是熟练地打开手机录音。每当我们讨论到火花迸溅时，她常常会熟练地打开手机，对我说："不好意思，张老师，麻烦您再说一遍。不行，我得录下来，回去再听听。"事实上，我们的每一次"小聚"都是一次深入的小组学习。一段时间以后，我不得不为这样的"小聚"而提前"备课"了。

几年来，我亲眼见证闫老师给自己设定了一个又一个的研究目标，而她也正是这样一个台阶、一个台阶地攀爬和超越，这份执着和毅力令我钦佩不已。这期间，几个事件起到关键作用。2012年，前门小学成立课程室，闫老师开始接触课程，一发而不可收。在我带领的东城区中小学课程骨干参加的北师大胡定荣教授的研究生课程班中，就有闫老师的身影，她克服各种困难坚持了整整一个学期的学习。2014年，我指导前门小学作为北京市专题教育实验校，开展专题教育项目研究。我和闫老师，还有前门小学的多位老师一起设计并开展"我们与树"系列主题活动。在北京市教育科学研究院朱传世老师的指导下，在前门小学于校长的支持和项目团队的努力下，历时两年多，项目研究成果《欧盟核心素养在专题教育中的本土化实践》得以出版。这之中，作为负责人之一和最终出版的统稿人，闫老师功不可没。2015年，东城区教育研修学院组织东城区首届课程研修班，整个一学年都在进行课程理论学习和课程实践，闫老师自然是其中的活跃者。正是这些较为系统的课程理论学习和深入的课程实践，促使她开始着手对学校英语课程的研究，构建前门小学"Progress—成长"英语课程体系。至今，我对2016年的"五一"节都记忆犹新。外面是阳光明媚，"满园春色关不住"，我和闫老师却把自己关了起来，整天闷在家中，对前门小学"Progress—成长"英语课程体系做了反复的修改，细致到字斟句酌地推敲。最终，这一成果获得北京市课程建设优秀成果一等奖。

有一段时间，她的身体不很好，还住院治疗过。我劝她可以好好休息一下了。可她腰上还缠着护腰，就又跟我说，不能总这样待着，我得做点儿有意义的事，于是，她便销声匿迹了一段时间，然后就来汇报说考取了首都师范大学和澳大利亚佛林德斯大学联办的教育硕士培养项目。我很惊讶，细想之后又觉得在情理之中。对于大多数人来讲，工作多年后，大学知识自然就忘得差不多了。然而以闫老师的个性，即使工作有 20 来年,但必然不辍苦读,她的成长如此之快,想必也来源于此吧。

在本书即将出版之际,闫老师很谦虚地找到我,希望我来为她的书写点什么。思来想去,就记录一下我们这些年的交往,说说我对她的认识吧,同时也作为我的一次自勉。也希望,看到这本书的人,也关注闫萍老师的成长历程。相信,抱着同样的执着,你也能脱颖而出。

最后,愿闫萍老师百尺竿头,更进一步!

东城区教育科学研究院　张黎阳

2021 年 8 月 9 日

前言

核心素养视域下小学英语课程创新实践研究

一、研究背景

随着"中国学生发展核心素养"和"英语学科核心素养"的相继发布,当前教育改革的重点在于素养培养如何落地。课程是落实"立德树人"教育任务、培育学生核心素养的重要途径。以校为本的课程建设应当围绕着素养培养,更新课程目标,重组课程资源,再构课程框架,创新课程实施,凸显课程的育人价值。

北京市东城区前门小学一直以学校课程建设为抓手,通过不断地更新和完善课程设计和实施,促进学生健康成长。学校先后荣获北京市课程建设先进学校、北京市课程建设优秀课程成果评比一等奖等荣誉。在前门小学"自主教育"课程体系的整体框架下,学校各学科积极开发学科课程,其中"Progress—成长"英语课程历经多次升级和改进,始终聚焦核心素养在英语课程中的创新实践,最终形成了多领域、多主题、多层次、可选择的课程体系。课程价值突出成长，尊重学生的差异需求，通过英语学习促进学生自主学习能力和自主教育能力的发展。课程在把握学科本质的基础上，在学习内容和方式上不断拓展深度与广度，强调实践、体验、参与的理念，实现国家课程和校本课程的深度融合。

二、研究内容

（一）相关概念的界定

1.中国学生发展核心素养

2014年，教育部出台的《关于全面深化课程改革、落实立德树人根本任务的意见》中指出，核心素养是指能够全面适应自身发展需求的关键能力与品格。林崇德教授所带领的团队发布的《中国学生发展核心素养》，将素养分为文化基础、自主发展、社会参与三个方面，综合表现为人文底蕴、科学精神、学会学习、健康生活、责任担当、实践创新六大素养，具体细化为国家认同等18个基本要点（林崇德，2016）。中国学生发展核心素养的提出体现了教育的育人价值和学科的育人功能，是贯彻党的全面发展教育方针、落实立德树人根本任务的育人指标，也是学生成才的评价标准（梅德明，2016）。

2.英语学科核心素养

教育部2017年发布的《高中英语课程标准（2017版）》将英语学科核心素养归纳为语言能力、文化品格、思维品质和学习能力四个方面。语言能力包括语言知识（语音、词汇和语法）、语篇知识和语用知识等。文化品格是指国际理解能力和跨文化交流能力、文化立场与态度、文化认同意识和文化鉴别能力。英语学习可以丰富学生的思维品质，帮助他们形成英语思维习惯，提高多元思维能力。学习能力源自于以往的学习策略，拓展为在学习策略指导下的利用多种媒体的自主学习和可持续学习的能力（教育部，2017）。学科核心素养不是单一的知识和技能的总和，而是在学科知识技能方面体现的情感、态度和价值观，是个体在具体情境中表现出的独一无二的素养和能力（程晓堂、赵思奇，2016）。

（二）研究内容

1. 对于"核心素养"的认识

在探讨"核心素养"视域下的小学英语课程创新实践之前，需要对何为"素养"做出全面的认识。

首先，"核心素养"的提出，将教育定位为对"人的全面培养"，素养导向的教育培养的是能够适应社会生活、终身发展的人。对学生素养的培养是依托于学生学习的知识和技能进行的，但是又不仅仅是知识和技能。面向"核心素养"的教育，培养的是学生应具备的、能够适应终身发展和社会发展需要的必备品格和关键能力。

其次需要思考的是"中国学生发展核心素养"与学科"核心素养"的关系。

钟启泉教授认为"核心素养与学科核心素养之间的关系是全局与局部、共性与个性、抽象与具象的关系"。在核心素养的视域下，课程设计指向于核心素养，核心素养需要融入学科课程。学科课程是培养学生核心素养的载体（钟启泉，2016）。

中国学生发展核心素养体系，与各个学科核心素养体系之间是什么关系？有人说核心素养是综合性素养，不必提出学科核心素养。但是综合性、通用性的核心素养，必须要通过教育才能实施，即素养一定要可教、可学、可沉淀、可迁移、可评价。但是怎么做、怎么教、怎么学、怎么评价，这要通过课程、通过学科教育来实现（梅德明，2016）。

再梳理一下已有的国内外的研究经验和成果，我们看到落实"核心素养"主要有两种途径：一是通过学科课程培育"核心素养"；二是通过整合的跨学科课程培育"核心素养"。

2."核心素养"在小学英语课程创新实践中的落实

基于以上关于核心素养和学科素养理论的梳理，我们认为当前进行素养导向的小学英语课程体系的创新实践，首先，应当以《中国学生发展核心素养》为纲，对学校英语课程的育人价值和课程目标做顶层设计，使得学校的英语课程能与其他学科课程、跨学科课程同步实施，为共同培育学生的核心素养发挥合力。也就是说，在英语课程的课程目标设置中要体现与其他学科可以进行跨学科课程设计的嵌入点，使英语与其他课程发挥共同育人的作用。同时，基于英语学科特点，在课程目标、课程实施、课程评价的设计中，要充分以学科素养的培养为导向，促进学生积极参与英语课程的学科活动，发展语言能力、学习能力，提高思维品质和文化意识。

3."核心素养"视域下小学英语课程创新实践

教育部《关于全面深化课程改革，落实立德树人根本任务的意见》（教基二〔2014〕4号），指出"立德树人"是发展中国特色社会主义教育事业的核心所在，是培养德智体美全面发展的社会主义建设者和接班人的本质要求。课程是教育思想、教育目标和教育内容的主要载体，集中体现国家意志和社会主义核心价值观，是学校教育教学活动的基本依据，直接影响人才培养质量。文件要求依据学生发展核心素养体系，进一步明确各学段、各学科具体的育人目标和任务，完善高校和中小学课程教学有关标准。

斯基尔贝克认为，校本课程开发的实施程序主要有五个核心步骤。学校应当首先进行情境分析，基于情境分析的结果拟定课程目标，同时设计和编制适切的课程方案，之后进行课程的解释、课程的实施过程，持续对课程进行追踪评价和方案的修订。校本课程的开发是一个动态的过程（转引自崔允漷，2000）。

本研究中的"小学英语课程创新实践"指的是以"中国学生发展核心素养"和"英语学科核心素养"为导向，通过五步骤的校本课程开发环节（情境分析、目标建构、方案编制、解释与实施、评价反馈）进行的前门小学"Progress—成长"英语课程的创新设计和实施。具体内容包括：准确定位课程目标——育人价值的体现；重组课程资源——国家课程、地方课程、校本课程的整合；再构课程框架——课程的丰富性、选择性、开放性；创新课程实施——改革课堂教与学的方式、自主评价和学习评价一体化设计；凸显育人导向——促进学生自我认知和主动发展。

前门小学"Progress—成长"英语课程开发程序表

步骤	主要任务	参与人员
情境分析	校内外因素分析（社会发展、国家政策、教育教学理念分析、学校基本情况、学校课程哲学、学校课程发展历史、学生需求，教师现状）	学校课程开发委员会 校内：学生、教师、主任、校长 校外：家长、专家、社区人员
目标建构	明确学校的办学理念、学校培养目标和课程目标、提出学科课程目标并拟定年段具体目标	学校课程开发委员会 学科课程开发小组（学科主任、教师、年级组长） 上级政府部门

续表

步骤	主要任务	参与人员
方案编制	确立方法与手段，构建课程结构、选择课程材料与组织形式、进行课程设置	学校课程开发委员会 学科课程开发小组（学科主任、教师、年级组长） 上级政府部门
解释与实施	进行课程方案的培训、营造课程实施的环境、统筹课程资源、课程的实施过程和课程评价方法	学校课程开发委员会 学科课程开发小组（学科主任、教师、年级组长）
评价反馈	设计追踪和监控评价体系、设计评价方案、追踪实施效果、收集反馈意见、修订课程开发方案	学校课程开发委员会 学科课程开发小组（学科主任、教师、年级组长） 上级政府部门

三、研究成果（关于本书）

前门小学着力学校小学英语学科课程的开发与实施，以"基于英语课程学习促进学生素养养成"为目标，进行了卓越有效的实践和探索，取得了丰硕的成果，本书就是研究成果的具体体现。

全书一共八章。第一章至第四章，通过情景分析、目标建构、方案编制、解释与实施聚焦课程开发的全过程，通过课程开发程序性操作中的思考与实践，全面地体现英语课程的创新开发路径。第五章基于课程评价展开，聚焦课程方案的评价机制和课程实施中的评价方式的创新实践经验。第六章，通过呈现各门类课程纲要和课程实施的策略方法，全景式地呈现了前门小学"Progress—成长"英语课程的全貌。第七章、第八章——通过收集教师的研究成果（研究案例、论文、反思）和呈现学生的学习成果（学习成长记录、自我评价表、阅读成果单、改编后的英文剧本、英文小故事等），展示课程开发的成果以及对于学生、教师和学校的影响。

第一章　小学英语校本课程设计：情境分析

第二章　小学英语校本课程设计：目标建构

第三章　小学英语校本课程设计：方案编制

第四章　小学英语校本课程实施：解释与实施

第五章　小学英语校本课程评价：评价反馈

第六章　小学英语校本课程成果：课程全貌

第七章　小学英语校本课程成果：实施效果

第八章　小学英语校本课程成果：成果分享

　　本书是一本以校为本的小学英语课程创新实践研究的专著。作为一线的课程开发者、研究者，能顺利成稿得益于各位专家的引领和指导：北京师范大学王蔷教授、胡定荣教授、陈则航教授、马欣老师，首都师范大学周琳教授，北京市教科院课程中心朱传世老师，北京市教科院基教研中心王建平老师、王晓东老师，东城区教科院张黎阳老师、江萍老师、王伟老师、董伟老师、王文娟老师、王桂云老师，得益于前门小学于立宁校长和各位同事的大力支持，更得益于前门小学英语团队几十年如一日的辛勤付出。在此向所有参与者和指导者表示感谢。我们对于课程的认识还在不断进步，本书肯定存在很多不足之处，恳请各位专家和同行批评指正。

闫萍

2021年8月7日于北京夕照寺

目 录

进步即成长 ··· 1
研究型教师的成长之路 ·· 7
前言 核心素养视域下小学英语课程创新实践研究 ································· 11

第一章 小学英语校本课程设计:情境分析

第一节 面对时代的挑战 ··· 2
一、应对全球化的巨大挑战 ··· 2
二、应对信息化带来的挑战 ··· 3
三、落实"立德树人"的教育根本任务 ··· 3

第二节 体现国家和地方课程政策 ·· 4
一、国家政策的出台赋予了课程开发的权利 ··· 4
二、地方政策的出台保证了课程的落地 ·· 5

第三节 基于学校的办学要求 ··· 6
一、办学基础 ··· 6
二、学生情况分析 ·· 7
三、教师情况分析 ··· 10

第四节 体现学校的课程哲学 ·· 10
一、学校核心价值观及其阐释 ·· 11

二、学校的校训与校徽 …………………………………………………… 12

三、学校的课程组织与制度 …………………………………………… 12

四、学校的课程发展定位 ……………………………………………… 14

第五节　回顾学校的课程开发历程 ……………………………………… 14

一、英语课程开发的起点——设计"英语课外活动"，促进学生英语兴趣的提升 14

二、前门小学英语课程 1.0——构建三大板块，提升语言技能 ……… 15

三、前门小学英语课程 2.0——三级课程一体化，整体规划课程体系 … 17

四、前门小学英语课程 3.0 版本——基于素养培养，重构课程体系 … 18

五、前门课程的 4.0 版本——面向全球化、信息化、差异化的立体课程的构建 … 18

第二章　小学英语校本课程设计：目标建构

第一节　课程设计的理论基础 …………………………………………… 22

第二节　学校课程的共同愿景 …………………………………………… 24

第三节　学校英语课程目标 ……………………………………………… 25

第三章　小学英语校本课程设计：方案编制

第一节　课程结构 ………………………………………………………… 30

第二节　课程设置 ………………………………………………………… 37

一、国家课程和学科拓展必修课程设置 ……………………………… 37

二、学科拓展实践活动 ………………………………………………… 37

三、活动类拓展选修课程（主题拓展活动、社会实践拓展活动）…… 38

四、探究课程 …………………………………………………………… 38

五、贯通课程设置 ……………………………………………………… 38

第四章　小学英语校本课程实施：解释与实施

第一节　课程解释 ··· 42
一、保证教师的课程开发与选择的权利 ·················· 42
二、学习型组织的建设促进学校的课程建设 ············ 43

第二节　课程实施 ··· 47
一、课程实施的整体思路 ······································· 47
二、课程实施建议 ··· 50

第五章　小学英语校本课程评价：评价反馈

第一节　课程评价的目标、内容、方法和原则 ············· 56
一、确立评价目标 ··· 56
二、设计评价内容 ··· 56
三、灵活选择评价方法 ·· 57
四、明确评价的原则 ··· 57

第二节　课程方案评价 ·· 58
一、评价内容 ·· 58
二、评价程序 ·· 59
三、评价方法 ·· 59

第三节　课程实施评价 ·· 59
一、对英语课程实施的评价 ··································· 60
二、对教师教学实施的评价 ··································· 61

第四节　学生学习评价 …… 62
　　一、理解性技能 …… 63
　　二、表达性技能 …… 64

第六章　小学英语校本课程成果：课程全貌

第一节　"Progress—成长"英语课程方案 …… 74
　　一、课程目标 …… 74
　　二、课程结构 …… 74
　　三、课程设置 …… 75

第二节　"Progress—成长"英语课程标准 …… 76
　　一、课程标准框架 …… 76
　　二、各年级教学标准 …… 78

第三节　"Progress—成长"课程纲要 …… 88

第七章　小学英语校本课程成果：实施效果

第一节　学生的变化 …… 108
　　一、学生的英语学习兴趣大大提高，对英语学习表现出较为积极的学习态度 …… 108
　　二、学生的英语听说读写技能得到了一定的发展，特别是说的技能和阅读技能提高显著 …… 111
　　三、学生的自主意识和自主能力得到提升 …… 114
　　四、学生在比赛和展示中取得了优异成绩 …… 114

第二节　教师的成长 …… 115

第三节　学校的发展 …… 119

第八章　小学英语校本课程成果：成果分享

第一节　教学案例 ……………………………………………… 124
第二节　科研论文 ……………………………………………… 163
第三节　教学反思 ……………………………………………… 188
参考文献 ………………………………………………………… 192

第一章

小学英语校本课程设计:情境分析

核心素养导向的校本课程开发，首先应对学校进行情境分析，目的在于提供核心素养的课程概念、模式与规则，以协助基于核心素养的校本课程规划的设计、实施与评价的实践（黄光雄、蔡清田，2018）。在情境分析时应当充分考虑校内和校外的因素，校外因素包括社会发展、国家政策、教育教学理念更新等，校内因素包括学校的基本情况、学校课程哲学、学校课程发展历史、学生特点和学习需求、教师现状等。

第一节　面对时代的挑战

一、应对全球化的巨大挑战

当今的世界，无论哪个国家和地区，都处在全球一体化的进程中，在这样的一种政治、经济、文化全球一体化的发展趋势中，培养适应21世纪发展的人才成为各国人才培养的共识。面对全球化的人才竞争，我们要培养怎样的人？各国对于核心素养的研究，就集中体现了这样一个主题。中国学生发展核心素养指出，我们要培养具备人文底蕴、科学精神，学会学习，健康生活，责任担当，实践创新的人才。

英语课程在21世纪人才培养中，发挥着怎样的作用？《高中英语课程标准（2017版）》指出："英语是国际交流与合作的重要沟通工具，是思想与文化的重要载体。学习和使用英语对汲取人类优秀文明成果、借鉴外国先进科学技术、传播中华文化、增进中国与其他国家的相互理解与交流具有重要的意义和作用。（教育部，2017）。"在全球化的今天，英语课程不但要借助语言学习提升学生的语言能力、学习能力，更要发展学生的文化自信、国际视野、创新思维，使学生成为能适应全球化竞争的合格的未来公民。

二、应对信息化带来的挑战

进入21世纪以来,由于科技的发展、互联网等一系列信息技术手段的广泛应用,教育教学改革进入了一个划时代的新阶段。今天,基于互联网、大数据等先进技术的应用,教育的形态和模式发生了巨大的变化。学生获得知识的途径极大丰富,知识无处不在,随时可以获得。以TPACK为代表的教育信息化的学习方式已经广泛地应用于大部分国家,同时,混合式学习、自主学习、合作学习等学习方式的广泛应用也极大拓展了学生的学习空间。

在互联网的推动下,学校的课程开发、课程实施、教与学的方式、教学评价的设计等都需要重新定位。英语课程的设计与开发,也将进入课程立体设计的新阶段。课程资源的重组、课程实施的多样、课程评价都将得益于技术的应用而呈现崭新的面貌。学生的学习不仅仅限于学校教学情境中,还可以借助互联网所拥有的丰富的学习资源,基于自身的特点选择多样的学习手段、多种的学习方式,展开自主探究的学习过程。

三、落实"立德树人"的教育根本任务

党的教育方针明确了国家教育的培养目标,即"培养德智体美全面发展的社会主义建设者和接班人",这对于人才培养具有全局性的指导意义。国家的教育方针的培养,需要落实到具体的教育教学过程中,需要通过学校的课程进一步具体化、系统化,最终转化成为学生应具备的、适应终身发展和社会需要的素养。

英语课程应当帮助学生通过学科学习而逐步形成的正确价值观念、必备品格和关键能力。英语课程的目标,应当充分体现学科育人的导向,帮助学生形成文化自信、跨文化沟通和传播文化的能力。具体来说:课程内容,应当充分汲取优秀的文化精华;课程实施,应当创设利于学生自主探究和自主发展的学习氛围;课程评价,应当帮助学生认识自我,形成自尊、自信、自强的良好品格。

第二节 体现国家和地方课程政策

教育体现了国家意志和民族期望，而课程是教育的主要途径和手段。国家往往通过课程政策，从宏观上规定了课程的理念和取向，因此国家和地方课程政策是学校课程情境分析需要考虑的因素。

一、国家政策的出台赋予了课程开发的权利

（一）"三级课程管理"的提出赋予了学校课程开发的权利

2001年，国家颁布的《基础教育课程改革纲要（试行）》启动了三级课程管理的模式，也真正把课程的开发和管理的权利赋予了学校。《纲要》在课程改革目标中规定："改变课程管理过于集中的状况，实行国家、地方、学校三级课程管理，增强课程对地方、学校及学生的适应性。"在三级课程中，国家课程面对的是国家整体考虑，地方课程体现了一个地区的要求，而校本课程是真正针对每个学校不同情况和学生需求而设计的。应当说，校本课程能充分体现以校为本、以生为本的导向，真正关切到了学校和学生的真实需求。

（二）"全面深化课程改革的意见"对三级课程进行了规范管理和分类指导

2014年3月，《教育部关于全面深化课程改革　落实立德树人根本任务的意见》颁布，《意见》指出："各地和学校要全面落实基础教育国家课程方案，要将综合实践活动、技术、音乐、美术、体育等课程开设情况作为考核学校工作的重要内容。各地要做好地方课程和学校课程的规范管理和分类指导，进一步落实学校在教学进度安排、教学方式运用和教学评价实施等方面的自主权。"

（三）"义务教育课程方案"对课程的样态、组织形式、编排给出了建议

《教育部义务教育课程设置实验方案》中提出要加强课程的可选择性。国家通过设计供选择的分科或综合课程，提供各门课程课时的弹性比例和地方、学校自主开发或选用课程的空间，增强课程对地方、学校、学生的适应性，鼓励各地发挥创造性，办出有特色的学校。

二、地方政策的出台保证了课程的落地

北京市作为首都,在充分落实国家课程改革的基础上,一直走在课程改革的前列。在2001年,国家颁布"纲要"之后,一系列的北京市课程政策的出台,以文件的形式保证了国家课程改革政策的落地,强化了课程育人的价值取向,突破了课时不够等课程开发中遇到的实际问题,使校本课程的开发成为可能。

(一)整体设计课程,明确学校课程的育人导向

北京市在《关于加强义务教育课程管理,推进课程整体建设的意见》中规定:"学校要依据市、区县两级地方课程规划意见,制定本校国家课程、地方课程和校本课程整体推进方案和学期课程安排计划,形成学校课程协调推进的整体目标,使各类课程成为促进学生发展的有机整体。"北京市2015年课程计划中明确要求"各学校要依据市、区县方案在2015年9月1日前研制完成学校三级课程整体建设一体化课程方案"。

《北京市实施教育部〈义务教育课程设置实验方案〉的课程计划(修订)》《北京市教育委员会关于做好2015—2016学年度基础教育课程教材改革实验工作的意见》等地区课程建设指导意见或文件的相继公布,都要求学校更新课程目标,通过进行学校课程的整体设计和校本课程的开发,满足学生的学习需求,促进学生的全面发展。

(二)调整课程计划,给校本课程开发以时间和空间

《北京市实施教育部〈义务教育课程设置实验方案〉的课程计划(修订)》明确提出"各学科平均应有不低于10%的学时用于开设学科实践活动课程"。将学科课程时间分解为学科课程与活动课程整合使用。北京市规定九年义务教育阶段共安排453学时的学科实践活动课程,其中40%的学时由学校参考市级课程方案进行自主开发和实施。北京市学科实践活动课程建设目标的定位是:在1—8年级要逐步形成学科内综合、跨学科多主题、多层次(知识类、体验类、动手类、探究类等)的系列课程(朱传世,2016)。

(三)协调课程资源建设,为课程改革提供保障

北京市提出市、区县、学校要协同建设好一批适合学生的综合实践活动基地,支持区县、学校和社会资源单位合作开发实施学科实践活动课程,鼓励广大社

会资源单位积极参与。全面加强各级教育工作者的课程领导力。

（四）改进课程实施，加强课程的开放性和实践性

2014年，《北京市英语学科指导意见》中提出积极培养学生英语运用能力，切实转变学科教与学方式，加强英语学习的开放性和实践性，将学科不低于10%的课时用于学生走进社会，鼓励学生通过模仿、体验、实践、探究等活动提高英语表达和交流能力。

北京市的课程改革政策相继出台，通过政策的形式要求学校要做好课程的设计，促进学生的全面发展。而对于10%综合实践活动课程的要求使得学校有了灵活使用和整合教学时间的空间，使得学校英语校本课程的设计和开发成为现实。

第三节　基于学校的办学要求

一、办学基础

北京市东城区前门小学的前身为建于同治七年（1868）的巴氏觉罗学堂，至今已有153年的历史。校训"求新、求严、求实"是学校130年校庆时，时任北京市委书记、校友刘淇同志的题词。

学校位于长安街沿线，毗邻天安门、前门等历史建筑，拥有丰厚的历史文化资源。学校是两个校址办公，新怡校区和正义路校区均有六个年级，在校学生1300余名，教师100余名。随着东城区教育改革的推进，2017年，前门小学与前门外国语中学成为特色九年一贯学校，前门小学与金台小学成为深度联盟的百年老校。两所学校与前门小学共享优质资源，共促学生发展。

前门小学始终以"学生全面发展、教师专业发展、学校可持续发展"作为办学目标；学校的各项工作始终做到了坚持学生全面发展不动摇、坚持素质教育不动摇、坚持提高课堂教学质量不动摇。

学校突出"自主教育"办学特色，打造"本真文化"。要求教师不断提高自身的专业素养，树立"师德高、观念新、业务精、能力强、身心健"的奋斗目标。对学生提出了"思想活跃、行为规范、会学会玩、学好玩好"的目标要求。学

校一直着力构建整体化、精细化、协同化的学校课程体系，凸显学校课程的内涵和育人价值，促进每一名学生主动、全面、持续地发展。学校校本课程丰富，各类课程都具有体验性、挑战性、广泛性、多样性的特点。

前门小学悠久的历史赋予了她深厚的传统校园文化，形成了优良的校风。学校百年来培养了大批优秀人才。时任北京市市委书记刘淇、著名导演郭宝昌、唐朝乐队主唱丁武等都是从这所百年老校走向自己光辉的未来的。著名书法家启功老师亲自为学校题名。孙毅老将军、冰心老人都曾为学校题词，勉励师生。

前门小学的教育教学质量始终保持在高水平。学校先后被评为北京市课程建设先进学校、北京市基础教育科研先进学校、北京市小学综合实践特色校、北京市冰雪运动特色学校、北京 2022 年冬奥会和冬残奥会奥林匹克教育示范学校、首都文明校园。

二、学生情况分析

前门小学是两校址办公。其中正义路校区生源来自前门、崇文门地区的老城区胡同、四合院居民和"东崇前"学区及其他地区的居民，新怡校区地处崇文门商圈，生源主要来自附近的住宅区居民。两个校区的生源构成不同，学生的基础水平也有一定的差异。为了更好了解学生英语学习特点和英语学习需求，我们通过以下三种途径收集学生情况：任课教师对学生的课堂学习情况观察、对学生的学习成绩进行追踪、对学生的英语学习情况进行问卷调查和个人访谈。

（一）英语学习的现状分析

1.学生具有较浓厚的英语学习兴趣

前门小学一直非常重视对学生英语学习兴趣的培养，学校多年来一直开设形式多样、种类丰富的英语活动，同时也有一些传统的英语活动。比如一年一度的英语小剧汇演、英语节等活动。同时，学校英语教学队伍的水平一直处在东城区较为前列的位置。学校英语教师在课堂上注重培养学生的兴趣，学校的英语课得到学生们的普遍喜欢。通过课堂观察、课后调查，我们都能看到前门小学的学生非常喜欢学习英语，乐于参加各种英语学习活动。

2. 学生的语言能力发展不平衡

（1）听、说能力较为突出

基于数据，对学生的英语语言能力进行分析，可以发现从听、说、读、写四项语言技能来看，学生的听、说能力较为突出。具体表现为学生在英语课上积极参与学习活动、乐于回答问题、参与角色扮演等活动。学生的英语测试中，听、说部分得分率普遍较高，在调查问卷中，孩子们普遍表示喜欢参与听、说活动。

（2）读、写能力待提升

与听说能力发展的情况对比来看，从日常作业、考试情况、调查问卷都能看到，阅读和写作是学生亟待提高的部分。在调查问卷中，有77%的孩子提到阅读较难，觉得没有方法；有84%的学生认为，写作丢分最多，觉得有学习困难。

3. 学生的学习需求未得到充分满足

学生的英语学习需求有哪些，从调查中的回答可以发现一些反馈。有的学生觉得学习时间得不到充分的满足，有的同学在调查中提到，"课上的英语活动特别有趣，但是时间不够，自己都没有机会充分参与"。有的学生觉得交流的机会有限，他们谈到"在学校的综合实践活动中，有机会和外国友人进行英语交流很有趣，但是这样的活动太少了"。有的认为学习的内容过于简单，"希望老师能给布置更有探究价值的活动，自己觉得英语课内学习难度不大，和课内学习比较，课外培训学习学得很难，感觉在学校学习内容过于简单了"。学习的形式应更丰富，还有很大一部分同学希望能参与更多的小组活动，希望老师能够帮助组成学习小组，可以和同学们借助多种平台进行英语对话和英语写作的尝试等。

4. 部分学生的学习困难较大

调查中，还有一些学生提到，自己在英语课上会觉得学习吃力跟不上，而其他同学都会，自己就会觉得课没意思。有的说想参与学习活动，但是自己的水平较差，没有同学愿意一起组成小组。有的说自己的作业有困难，但是不愿意问老师问同学，觉得没面子，所以胡乱写。

（二）英语学习需求分析

学生需求是"Progress—成长"英语课程开发的根本。在一所学校中，从学习需求的主题看，我们应当关注这样三类学习需求：一是所有学生的共同学习需求，二是一部分孩子的团体学习需求，三是一个特定孩子的个性化学习需求。学校如何采取合理方式，识别、发现、回应、满足、引导学生的学习需求，适应学生发展，是学校课程发展的关键（杨四耕，2016）。通过以上的观察、调查和访谈，我们可以勾勒出学生英语学习的概况，并基于此来分析学生的学习需求，如下：

1. 共同学习需求。

得益于前门小学一直以来重视英语教学和英语活动的开展，学生普遍具有较为浓厚的英语学习兴趣，需要提供更多的学习英语的机会。从英语能力上讲，整体来看，学生的读写能力有待提高，需要进行系统的设计与规划。学生有使用英语表达的意愿，学生希望能有多样的使用英语的渠道，无论是面对面交流还是基于网络的交流都想尝试，但是空间和时间远远不够。

2. 团体的学习需求。

由于学生的差异客观存在，我们的课堂教学实施部分亟待改进。应当思考如何让基础差、学习困难多的孩子和能力强急需提升的孩子都能得到满足。

3. 个别化学习需求。

学困生英语基础较差，无法跟上课堂教学的步骤，需要进行针对性的个别辅导。

（三）满足学生学习需求的课程样态

基于此，学校开发的英语课程应当是什么样的呢？

首先，要对学校课程目标、课程框架、课程标准、课程内容、课程计划等做出整体设计，最大化地利用好教学时间和空间，促进学生素养的整体提升。

其次，努力做到在课程实施中，在教与学过程中关注学生差异，设计灵活多样的互动，满足不同层次学生的学习需求。

第三，还要努力设计丰富多样的拓展课程和综合实践的活动课程，给学生提供可选择的机会，力图促进每个学生基于自己的已有基础，得到最大化的发展，促进每一个学生的进步和提升。

第四，发挥课程的整体育人价值，引导学生自我认识、自我规划、自我评价，通过课程学习，促进学生自主意识、自主学习能力的整体提升。

因此，"Progress—成长"英语课程强调培养学生自主性，充分体现学校"自主教育"办学理念。本课程是前门小学"自主教育"课程体系中的重要组成部分，与学校其他门类课程相互支撑，共同发挥整体育人的作用。课程定位为学校英语学科课程整体规划，突出国家英语课程校本化实施和英语校本课程的开发，为学校课程整体育人目标——"培养思维活跃、行为规范、会学会玩、学好玩好的学生"的实现发挥重要作用。

三、教师情况分析

教师团队实力是"Progress—成长"英语课程有效实施的保障。前门小学英语团队共有英语教师11人，平均年龄36岁，大部分教师在学校共同工作10年以上，成员关系融洽，研究氛围浓厚。团队负责人为北京市骨干教师、教育硕士，研究方向为课程开发、英语阅读教学、混合式教学、差异化教学。学校所有教师均具备英语专业本科学历和较强的教学能力，其中市骨干1名，区学科带头人2人，校骨干教师8人。学校英语团队在学科主任闫萍老师的带领下，先后承担了国家及市区课题，其中教育部课题子课题"小学英语自主阅读能力培养途径的研究"获得了课题组的最佳教学设计奖和论文评比等奖项。从整体情况看，教师队伍年龄结构合理，教学经验丰富，具备一定的研究能力和研究热情，是进行英语课程开发的有力保障。

同时，课程研发团队充分利用高校、专业团体等社会资源。北师大王蔷教授教育部重点课题"中国中小学生英语分级阅读体系标准研制"的科研支持和北京市基教研中心王建平主任团队的全程指导，带动教师团队研究能力和教学能力素养不断提升。市教委"民办教育支持小学英语教学"项目为我们提供更灵活的思路，区课程部门的指导帮助我们科学、规范的进行课程实施。

第四节　体现学校的课程哲学

学校是课程改革的土壤，以校为本的课程必定反映出学校的特定课程哲学。学校的课程哲学主要体现为学校的课程使命、核心课程价值观和课程愿景，这三方面内容是相互关联、有机结合的。而这三方面主要蕴含于教育思想、办学理念、培养目标、课程文化、课程发展定位中。

一、学校核心价值观及其阐释

（一）教育思想

1. 前门小学的文化建设核心思想——本真文化

本真文化强调以人为本，一是要尊重学习者的主体地位，激发学习者的学习主观能动性，二是尊重学习者的差异，保护学习者的个性，注重学习者的个性体悟，引导学习者独立思考，开拓创新思路。

本真文化是学校之魂，是学校的文化核心，是治校的纲领依据，是学校发展的方向；本真文化是学校育人理念的基石，是师生身心修养的文化引导，是为人处世的价值观，是前门小学师生做人的根本。

2. 前门小学的办学理念——"自主教育"

"自主教育"就是指通过教育的影响，充分调动学生的内部机制，引导学生有效地参与教育全过程，增强学生的自我意识，培养学生批判性思维、问题解决能力、交流能力、合作能力和创新能力，使每一名学生都能做到自护、自律、自立、自信、自强。

以自主教育的途径，推动本真文化在学校育人理念、育人制度上的落实与发展。在这种文化氛围中每个个体包括学生，但不仅仅指学生，同时包括教师、职工、校长等都能够在自觉自愿的前提下，发挥每个主体的主观能动性，践行本真文化，使得本真这种人文素养在个体、在群体内外得以不断生长，不断发展，不断本土化，同时与时俱进。

（二）办学目标

前门小学的办学目标，即促进"学生全面发展，教师专业发展，学校可持续发展"。学生的全面发展是指通过学校教育的影响，激活学生自我认知，提升学生的自主学习能力和自我管理意识，从而达到促进学生全面而主动地自我发展。教师的专业发展，指的是促进教师持续不断地更新自己的知识结构，探究教育教学工作中的真问题，做研究型和创新型教师。学校的可持续发展是指学校的发展始终与国内外教育改革的趋势、与国家的教育方针和区域政策保持一致，在坚持自主教育办学理念的基础上，积极应对新的教育现象和问题，使学校的发展始终处于不断改进、不断提升的状态。

（三）育人目标

前门小学的育人目标——"培养思维活跃、行为规范、会学会玩、学好玩好的学生"。

二、学校的校训与校徽

校训——求新、求严、求实（校训是学校 130 年校庆时，时任北京市委书记、校友刘淇同志的题词）；

求新——应有符合时代要求的新思想、新观念、新思路；

求严——依法治校，依法执教，做到"四严"：严格管理、严肃纪律、严明责任、严谨治学；

求实——从实际出发，工作要扎实，教育要讲效益、求实效。

图1-1 前门小学校徽

圆圈象征团结，红色象征党的领导；三角象征锐意进取，黄色象征学校前途光明。三角内由"前门"的拼音第一个字母QM组成了红色的花朵，又似一颗升起的启明星图案。它象征了前门小学的学生是祖国的花朵，是正在升起的明星。花朵下面的图案好似展开的一本书，又似捧起花朵的绿叶，还似展翅的雄鹰。它象征了前门小学的教师应该具备丰富的知识，肩负起传道、授业、解惑的重任，应该是无私奉献的绿叶，陪衬祖国的花朵，应该是有力的双手托起未来和希望，应该是雄鹰,在深化教育改革的广阔天地里振翅飞翔,创造出光辉的业绩（图 1-1）。

三、学校的课程组织与制度

建立学习型组织是落实学校"共同开发课程"的理念的重要途径。以学校作为课程发展的基地，校长即课程的领导者，主任与年级组长即课程的规划者，学科召集人即课程的设计者，教师即课程的设计实施者，课程发展委员会即评价者，这样一群人通过团体合作，进行课程研究的"自我超越"、课程规划的"建构愿景"、课程设计的"改善心智"，课程实施的"团队学习"、课程评价的"系统思考"（蔡清田，2016）。

（一）成立学校课程领导小组

学校课程领导小组包括校长、主任、组长和学科召集人，每月至少开会一次，引导并协助全校老师理解和认识学校课程工作。

（二）成立课程发展委员会

1. 前门小学课程发展委员会由学校校务会通过成立，下设各领域、各学科课程开发小组。

2. 课程发展委员会人员包括：学校行政人员（各部门主任和主管）、各学科领域的召集人、各年级教师代表、家长委员会代表、社区代表、学科课程专家。

3. 前门小学课程发展委员会的主要职责是：

（1）审议并通过学校课程计划、审查各学科各领域课程计划、课程实施、提供教改意见、总结教学成果。

（2）成立领域/课程研发小组；整合学校和社会资源，进行主题活动；成立学科教师研发小组，协同教学研究；组织学校校本课程教师培训进修活动。

表1-1 前门小学课程发展委员会结构图

前门小学课程发展委员会组织结构				
召集人	执行人	行政单位	课程研发小组	年级组长群
校长	课程主任	教学办	语文、数学、英语、科学、体育、艺术（音、美）、劳动、综合实践、道德与法治	一、二、三、四、五、六年级组长
	科研主任	教育办		
	行政主任	行政办		

（三）英语课程研发小组和课程顾问团队

前门小学英语课程研发小组由英语学科主任作为组长，成员为所有英语教师，课程的顾问团队由北京市、东城区和学校的专家组成。包括北师大课程所、北师大外国语学院和首师大初等教育学院的专家，北京市基教研课程中心、教研中心专家，东城区教科院课程部、科研部、研修部专家，前门小学科研部主任、课程主任共同组成。

四、学校的课程发展定位

学校的课程是实现培养目标的蓝图,是学校一切教育教学工作开展的顶层设计。优质的学校课程应当充分关注学生作为人的发展,尊重学生的个性和选择,充分激发学生主动参与的积极性,应当充分发挥学校的地域优势、资源优势,体现学校的办学特色和理念,应当体现国家课程、地方课程、校本课程三级课程的有效融合,应当具有明确的目标、清晰的框架、丰富的资源、生成性的评价体系以及较强的可选择性(裴娣娜,2011)。这样的课程,才能培养具有自主意识、自我管理能力和自我学习能力的学习者。依据前门小学办学理念、培养目标,通过课程的顶层设计,对各种类型的课程进行整合,建构纵横结合、便于学生自主选择学习的立体开放课程结构体系。纵向上,将三级课程进行整合,与核心素养目标对应,形成几大课程领域。横向上,分为四个种类的课程,包括面向全体学生的基础课程,根据学生学习情况的分层可选择的学科拓展课程,体现探究和问题解决的探究课程,促进学生自我评价、自我成长的贯通课程,最终形成体现整合、选择、开放、灵活、多样、可选择的英语课程体系。

第五节 回顾学校的课程开发历程

一、英语课程开发的起点——设计"英语课外活动",促进学生英语兴趣的提升

《中国教育改革和发展纲要》提出:"中小学生要从应试教育转向全面提高素质的轨道,面向全体学生,全面提高学生的思想道德、文化科学、劳动技术和身体心理素质,促进学生生动活泼的发展,办出各自的特色。"这是基础教育领域的深刻变革,是提高国民素质、培养跨世纪人才的必然要求,也是党中央、国务院向基础教育战线提出的一项紧迫任务。1999年,时任校长钱红石以学校整体改革为动力,全方位地实施素质教育。前门小学提出了"自主教育"的办学特色。学校以培养小学生自我教育、自我管理、自我评价的能力为目的,通过对包括教育内容、教育方法、教育组织形式、教育实施过程、教育策略和教

育模式等的改革，形成了促进学生主动发展的"自主教育"办学特色。

在前门小学"自主教育"理念的框架下，前门小学英语团队思考如何促进学生英语兴趣提升和英语语言技能的提升。2006年，在经过了几年的尝试和改进后，团队开发了"英语课外小组活动"，这应当就是英语课程开发的第一次尝试。

活动目标：为激发学生的学习兴趣，促进不同英语水平的学生均有所提升，从学生的实际出发，前门小学进行了"英语课外小组活动"的设计与实施。

活动内容："英语课外小组活动"依据学生的英语学习兴趣设计活动内容，包括科普英语学习、英语配音小组、英语棋小组。学生可以根据自己的兴趣和学习水平进行选择，其中英语棋侧重单词识记，英语配音主要是听说活动，科普英语属于科学和英语结合，也就是用英语完成科学探究和实验，最后用英语汇报。三个小组实际上针对的是不同学习水平和学习需求的学生。

活动实施：每周二下午有1个小时的活动时间，学校英语老师和外聘老师一起组织活动。三个小组依托着科普英语竞赛、英语配音比赛和英语棋比赛的培训活动进行。

活动成果：学生通过参与小组活动，在各个区域内容的比赛中均取得了较好的成绩。学生的英语自信心增强，特别是英语棋学习小组通过下棋的方式帮助学生来拼读记忆单词，突破了很多学困生的学习困难，使他们恢复了自信心。

问题与反思：我们也能看到，虽然学生都能参与不同小组的活动，但是学习过程更多的是基于语言知识和技能的提升，学生小组的选择也相对固定，学生各项能力发展是不均衡的。同时由于师资的水平不一，活动效果也出现了比较明显的差异。

二、前门小学英语课程1.0——构建三大板块，提升语言技能

2006年开始，在"英语课外小组活动"实施的基础上，英语团队一直思考如何能整体规划学校的课程，促进学生英语语言技能的全面提升。在前后近十年的研究中，我们基于《义务教育阶段英语课程标准（2011版）》中对于英语学科人文性和工具性的定位，启动了学校英语校本课程的设计，当时我们的理解

是，要把课外小组或者是社团学习这样的课外活动，通过重新定位和组织，提升为促进学生语言能力提升的课程。在专家的引领和指导下，英语学科围绕着学生听说、读写、玩演唱技能的发展，设计了英语课程的三大板块：英语童谣课，侧重学生听说技能的培养；英语阅读课，侧重对学生读写技能的培养；英语玩演视听活动，侧重对学生综合语言技能的培养。（图1–2）

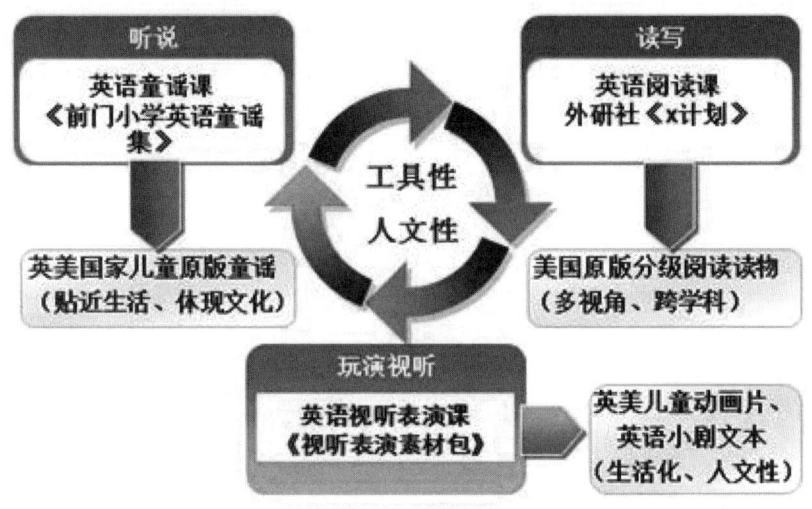

图1–2　前门小学英语课程内容

每天中午的英语15分钟时间，是孩子们最喜欢的英语童谣说唱时间，他们边说边演，个体说唱、小组演唱、男女生接力说唱，丰富多样的练习激发了学生学习英语的兴趣。不但说唱童谣，很多孩子在教师引导下，还试着选择一种节奏创编童谣。在参与童谣小课的学习中，孩子们不但提高了英文听说能力，促进了语感的形成，而且发展了自主建构的能力。

在英语阅读课上，老师们努力创设一种氛围，使学生感受到阅读的乐趣，教会孩子们一些阅读方法，为他们的个体阅读、持续阅读提供可能性。首先在2—4年级开设英语阅读课，每周1课时，然后随着时间的推进，英语阅读课程逐步在2—6年级展开。经过实践，孩子们学习兴趣提高了，能根据题目猜测故事，能提出自己想知道的问题，能在阅读后自己给故事图片排序，表达对故事中人物的喜好。有些孩子还能够续编故事甚至是自编故事。

英语视听表演课中看一看、演一演是小学生非常喜欢的一种学习方式。我们利用每周一下午的学校社团活动时间，为学生开设了多个英语视听表演社团。通过多种形式的小组活动，让孩子说起来、动起来。我们还请了专业老师来指导孩子们的舞台表演，孩子们释放天性，投入到角色表演中，不但是语言本身，他们的自信心、朝气蓬勃积极向上的状态也得到了极大的提升。在这样的研究过程中，英语团队教师整体在进步，在成长。

三、前门小学英语课程 2.0——三级课程一体化，整体规划课程体系

2015 年，北京市课程计划中明确要求"各学校要依据市、区县方案在研制完成学校三级课程整体建设一体化课程方案"。文件的提出让我们重新认识了校本课程的定位。前门小学的英语课程应当是国家、地方和校本三级课程的一体化设计的课程，不仅仅是开发学校英语特色课程，还应当进行国家课程校本化的实施，做到三级课程体系的整体规划、整体设计。

应当说，前门小学英语课程 2.0 版本第一次从课程目标、课程内容、课程组织、课程实施、课程评价等环节入手，对学校英语课程进行了程序性的课程开发和论证。

同时，在课程开发中，我们还借鉴了当时的欧盟核心素养，提出了英语课程的课程目标，即：培养具有一定语言知识和技能、国际视野、自主学习能力的小学生。

课程内容上，包括了国家课程、拓展课程和活动课程三大类别。同时梳理了英语课程标准中的相关话题，将三类课程通过相同的话题组织起来，促进了每一个话题的深入学习。

课程实施上，我们重点研究了国家课程校本化的实施，通过改进教师提问、引发学生质疑、增加小组活动促进学生的学习过程，提高教学的有效性。

四、前门小学英语课程3.0版本——基于素养培养，重构课程体系

随着中国学生核心素养、英语学科核心素养的提出，关于培养什么样的人成为了教育界讨论的重点。素养导向下的课程，将培养适应社会发展、终身发展的人作为了根本目标。基于素养，重新审视学校的课程，我们会发现，我们的课程整体设计还不能体现出"以校为本、以生为本"的理念，换句话说，前门小学的英语课程与其他学校并无不同。学校的办学理念"自主教育"体现得不清晰，学生的学习需求并未得到充分的关注，课程的组织形式比较单一，课程的实施过程缺乏深入的研究，等等。这些问题，促使我们再一次地审视和思考，前门小学英语课程的面貌应当是如何的？

很幸运地，我们遇到了北师大胡定荣教授，北京市基教研朱传世老师、王建平老师，东城区教育科学院张黎阳老师，在这四位专家的亲自指导下，我们从分析学校背景入手，梳理开发历程，思考学校哲学在课程中的体现，思考课程内容的组织，思考课程评价的育人作用。在这个过程中，学科组反复磨合、改进，最终提出了前门小学英语课程的3.0版本——前门小学"Progress—成长"英语课程。

课程以学校的"自主教育"办学理念为指导，以学生发展需求为根本，通过"学段目标校本化""教学内容主题化""国家课程、校本课程整体融通设计""教学评活动一体化"的思路整体设计，促进每个学生主动发展和自我实现，促进学生的思维发展、学习能力的提升。

五、前门课程的4.0版本——面向全球化、信息化、差异化的立体课程的构建

2020年，面对席卷全球的新冠疫情，全世界人民的生活都受到了巨大的冲击。公共场所关闭、学校关闭，越来越多的学生从学校、教室转移到了互联网为支架的网络学习中。我们的课程和教学遇到了前所未有的挑战：一方面，面授时间减少，面对面反馈不容易了；另一方面，学生的自主学习空间、时间和机会大大增加。我们的课程面对这样的挑战，必然出现崭新的面貌。

混合式学习方式的大量使用，促进了课程变革的 4.0 时代的到来，与此同时，人们对于课程的认识更加深入，学科课程、跨学科课程、超学科课程等多种课程形态的出现，都要求我们思考英语学习课程如何与其他课程发挥合力、如何贴近学生的生活情境。而大观念、基于主题的单元整体教学的探究，又一次引发我们对于课程实施过程的深度思考，学生的学习准备是有差异的，如何提供适应各个层次学生可选择的适合的课程，是我们进一步思考的方向。基于此，前门小学英语"Progress—成长"英语课程开始了一个新的提升，以应对全球化、信息化和差异化的变革对未来人才成长的要求。

第二章

小学英语校本课程设计：目标建构

课程目标可以分为两个部分：一个是一般目标，就是我们所说的教育目的，它与学校的整个教育哲学或者教育愿景密切相关；另一个是具体目标，具体目标要尽可能地陈述清楚在学习过程结束时应该获得的能力与态度（吴刚平，2003）。进行英语课程目标建构，首先应当关注课程设计的理论基础，也就是对课程设计产生直接影响的教育思想。其次，进行目标建构的具体过程中，需要首先明确学校课程的一般目标，或者说学校课程的共同愿景。最后，对英语课程目标（包括课程建设目标、课程培养目标和课程目标）进行整体设计和具体描述。

第一节　课程设计的理论基础

"Progress—成长"英语课程是以"人本主义教育观""唤醒教育理论"为基础，结合儿童语言学习的特点与规律，综合"全语言教学观""认知发展理论""多元智能理论"及"图示理论"中的认知视角、"任务型语言教学"等重要教育理论与外语教育理论，基于我校的英语教学现状、教学环境和条件，进行有效整合的课程。

（一）"人本主义教育观"——尊重学生的价值与需要

根据"人本主义教育观"，课程首先必须尊重学习者的价值与需要。教育的目的在于服务于每个学生的主动发展和自我实现。教育的目的是把人的思维创造力激活，教会学生如何学习。我们认为，培养"全面发展的人"是教育的根本任务和使命。

（二）"唤醒教育理论"——唤起学生的自我意识

德国哲学家 Karl Jaspers（1986）提出的"唤醒教育理论"指出，"唤醒教育"

就是通过主体间的意义对话，从人的生命深处唤起沉睡的自我意识，解放其内部心灵，促使人的价值观、生命感、创造力全面觉醒，以实现自我生命自由自觉建构的教育过程。我们认为，学生的英语学习应当促进每个学生积极体验学习过程，促进学生感受到英语学习的乐趣。

（三）"认知发展理论"——培养学生思维品格的路径

皮亚杰的认知发展理论指出7—12岁的儿童正处在具体运算阶段向形式运算阶段发展的过程。这一阶段的儿童虽然具备了抽象的概念，但仍需借助具体事物的帮助进行逻辑思维。因此课程内容设计应该善于发现学生在每个阶段应学习的知识，教学实施中要采取符合学生认知规律的方式传授给孩子。低中年级，教师应重视引导学生观察图片、提取非文本信息，进行联想和推理，促进学生抽象思维能力的形成；高年级，教师应更重视对学生批判性思维能力的培养。

（四）"全语言教学观"——创设有意义的学习情境

"全语言教学观"指出，语言是一个整体，它真实存在于人们的生活中，不应该被视为可分解为语音、词汇或结构等相对独立的、有多个子系统构成的、枯燥无趣的符号体系。这对我们的启示是，语言学习要以学生为主体，教师要重视创设有意义的学习情景，引导学生在有意义的学习情景中，全面发展语言学习和语言运用能力。教学内容可以以主题单元的方式呈现，使学生在发展语言能力的同时学习不同学科领域的知识（袁洪蝉，2001）。

（五）"图示理论"中的认知视角——激活学生已有经验

"图示理论"提出，知识在头脑中的储存方式是学习者用已获得的知识对新信息进行整合的过程。任何书面材料，本身本无意义，读者在阅读中赋予其意义。当一个阅读者无法理解一个语言材料，源于阅读者不具备的已有经验或者已有经验未被激活（Carroll, 1999）。这给我们的启示是，语言材料只是学习内容的载体，并不是学习内容本身。教师在教学中应当提取语言材料主题，激活学生已有经验，促进学生在学习过程中结合已有经验建构新的认知结构。

（六）"多元智能理论"——多种智能促进语言学习

"多元智能理论"强调教育应重视发掘和促进人的各项智能最大化发展，以实现对每个学生的个性才能的充分挖掘（Gardner .H, 1985）。根据"多元智能理论"，教师应调动学生多种智能参与语言学习活动，以促进学生思维、观察能力、创造力的发展。这给我们的启示是，课程设计要能促进学生多种智能的发展，应包括听、说、读、写、玩演视听多种形式的课程内容；教学实施过程中，教师应设计调动多种智能的活动，如调查、游戏、表演、制作等，以使不同智能特长的学生都有所收获。

（七）"任务型教学法"——实践中提升运用语言的能力

"任务型教学"是指教师通过引导学习者完成任务来进行的教学。任务型教学强调"做中学"，教师应当围绕特定的任务，引导学生通过表达、沟通、解释等活动来完成，达到掌握和运用语言的目的。罗少茜教授（2002）提出了任务型教学中行为表现评价的六步方案：确立教学的具体目标，使评价的任务与教学结果相匹配；确定学生学习的具体学科内容和技能以及任务是否涉及这些内容和技能；确保任务的完成能反映学生的进步和能力的提高；确保任务设计的合理性，以弥补原有知识不足和资料获取的不便；确定任务的可能形式（真实任务、跨学科任务或多维任务）；确定评价任务，以便让其他人能够理解和在别的情景中运用。这给我们的启示是，我们应该创设更多的符合学生日常生活交际需要的活动场景，引导学生在完成任务、解决问题中习得语言，同时不断丰富自己的语言知识与社会经验，形成一定的语言能力。

"Progress—成长"英语课程设计的理论基础建立在"人本主义教育观"和"唤醒教育理论"基础上，着眼于学生的全面发展和可持续发展。课程设计遵循"全语言教学观"，强调基于学生的发展阶段设计学习内容、采取不同的学习手段，教师在教学实施时要创设有意义的学习情境，激活学生主动建构学习；教师应设计多种形式的学习活动促进学生多元智能的发展；同时鼓励学生在运用语言解决问题的过程中提高语言能力和学习能力，发展思维品质，形成文化品格。

第二节　学校课程的共同愿景

学校课程的共同愿景，应该是来自情景分析的课程研究结果。学校应根据学校环境、教师特质、学生需求与家长期望等情境因素，依据"核心素养"，进行课程研究，指出未来课程发展的方向（蔡清田，2016）。

（一）前门小学课程的共同愿景和学校课程体系

前门小学课程的共同愿景是在对学校课程进行情景分析的基础上，由前门小学学校课程开发团队通过课程委员会多轮次的讨论和审议最终确定的。

前门小学的"自主教育"课程体系以培养"思维活跃、行为规范、会学会玩、热爱生活的小学生"为愿景，通过"语言、数学、科技、艺术、健康、生活"六大基础学科领域和三大探究主题课程，即"人与自我——这样的我、我的目标、喜欢我自己、我的改变、我和朋友们、我和我的家人；人与自然——美丽的祖国大地、多彩的世界各国、充满魅力的大自然、世界地球村；人与社会——遵守规则、热爱生活、志愿行动、保护环境"进行课程设计的。

（二）前门小学课程结构

依据课程性质、课程内容和课程功能等特点，前门小学课程划分为四个层次，即：基础课程——国家课程校本化实施，定位为面向全体学生开设的必修课程；拓展课程——学科拓展课程、学科拓展综合实践活动，定位为面向全体学生开设的必修加选修课程；主题探究课程——跨学科综合实践课程，包括探究式和项目式课程，定位为面向全体学生开设的选修课程，以及贯通培养课程——学生成长自我规划课程，定位为面向全体学生开展的必修课程。

第三节 学校英语课程目标

在确立学校课程的共同愿景的基础上，需要将共同愿景转化成可以落实的学校课程的课程目标，以引领学科领域的教学。在拟定英语学科课程目标的过程中，我们通过定位学科课程坐标、凝练育人价值、拟定课程目标三个步骤进行课程目标的开发。

（一）定位学科课程坐标

定位学科课程坐标是指学科课程是学校整体课程的一部分，它在学校课程体系中位于哪个板块、哪个领域，决定着课程的定位和课程发挥的作用。

前门小学英语课程是由基础课程、拓展课程、主题探究课程以及贯通培养课程（英语学习规划）共同组成的。根据前门小学学校课程体系图示，可以看到英语课程中的国家课程和学科拓展课程在三个方面六大领域的课程体系当中，分别位于文化基础和自主发展板块中的人文底蕴和学会学习这两个课程领域。

在前门小学的课程体系中，英语课程承担着帮助学生积累英语人文知识，发展英语语言能力，促进学生思维发展，形成自主意识、发展自主学习能力的作用。同时，英语课程中的活动拓展课程和主题探究课程（天坛、前门课程）等又位于社会参与板块的实践创新领域中，目的在促进学生通过参与学习活动，习得人文领域的知识、形成人文底蕴，通过参与社会活动，形成责任感和正确的价值观。英语学习规划属于学校育人课程体系中的学会学习板块，目的是培养学生自我认识、自我规划和自我发展的能力，四大类课程共同构成了前门小学的英语课程体系。（图2-1）

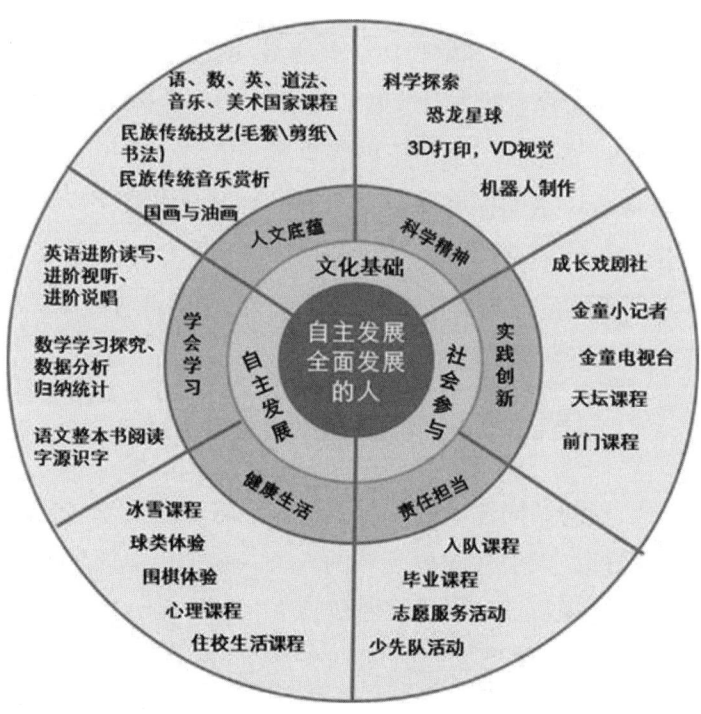

图2-1　前门小学"自主教育"课程体系

（二）凝练学科课程育人价值

在对英语课程准确定位后，需要结合学校课程目标、学科课程的特性，用凝练的语言，给出学科课程的核心育人价值导向。

前门小学英语课程开发团队在反复修改、充分研讨的基础上，将前门小学英语课程命名为"Progress—成长"英语课程。课程的价值定位：进步即成长。Progress英文意为进步，向更高的方向前进。以Progress为名，意在强调课程开发的价值取向，即关注每个学生的个性发展，与自己相比进步了，就是成长。同时也充分体现了课程结构的设计特点，我们设计了进阶读写、进阶视听、进阶说唱等课程，目的是促进学生在自己原有学习的基础上，制定适合的学习目标，一步一步地提升自己的语言能力和学习能力。成长，诠释了课程的目的，即激活学生学习动力，引导学生进行自我认识、自我管理和自主实践，促进学生自主学习能力和自我教育能力的提高。

"Progress—成长"英语课程既聚焦了中国学生核心素养的领域内容（文化基础、自主发展和社会参与）又凸现了学校的育人特色（培养具有自主学习能力的人）。"成长"，强调课程的定位在于培养可持续发展的人，重视每个个体成长的体验和过程。课程强调在重视学生语言能力发展的基础上，创设丰富的语言环境，拓展语言实践的空间，促进学生积极参与社会实践，主动规划自己的学习过程，积极发展思维品质和文化品格，让每个学生都能够在英语学习中有进步，有收获，有成长，做更好的自己。

（三）确定英语课程目标

前门小学英语课程目标的确定，是以学生发展需要为核心，充分体现中国学生素养和学科核心素养的要求，同时以学校"自主教育"教育理念为基础，将"进步成长"作为课程设计的核心价值，符合学校课程体系的总目标。

我们对课程目标做三个层次的表述：第一个层次，英语课程建设目标，把课程开发看作核心任务，描述的是前门小学英语课程的总体面貌。第二个层次，课程培养目标，描述的是通过这样的课程将培养出怎样的学生。第三个层次，课程目标，将培养目标具体化为课程学习之后达成的能力、态度上的指标。

1. 课程建设目标：

以学生的全面、可持续发展为根本目的，通过学校"Progress—成长"英语课程的整体设计，实现国家课程和校本课程的有效整合，实现必修与选修，基础与拓展、学科与活动、知识与经验、过程与结果的统一，形成能够促进每一名学生自主发展的多领域、多主题、多层次、可选择的课程体系，设计走向整合、关联、发展的课程，实现对语言的深度学习（即语言、文化、思维的融合）。

2. 培养目标：

学生通过"Progress—成长"英语课程的学习,成为"会表达、善交流、乐分享；有兴趣、勤思考、爱探究；有自信、勇担当、有视野"的小学生。

3. 课程目标：

前门小学英语课程目标设计为三个领域的多元目标,即文化基础、社会参与、自主发展。具体表述为学生通过课程学习,掌握扎实的英语语言知识、提高熟练使用英语语言技能的能力、发展流利使用英语语言交流的能力,形成良好的行为规范与责任意识、健康品质与审美情趣、文化自信与全球视野,产生浓厚的学习兴趣,主动探究,积极思考,学会学习。

表2-1 前门小学"Progress—成长"英语课程目标

领域	A文化基础	B自主发展	C社会参与
概述	会表达、善交流、乐分享	有兴趣、勤思考、爱探究	有自信、有责任、有视野
目标1	扎实的英语语言知识	浓厚的学习兴趣	行为规范与责任意识
目标2	熟练的英语语言技能	主动探究积极思考	健康品质与审美情趣
目标3	流利的语言交流能力	学会学习有方法	文化自信与全球视野

第三章

小学英语校本课程设计：方案编制

学科课程的开发方案应当依据课程开发的愿景目标，对学校的课程结构、课程模式等要素进行规划和设计，以形成符合学生价值追求的课程设计方案（熊梅，2009）。

第一节　课程结构

"课程结构"是课程领域的一个核心概念，它是指课程各部分的组织和配合，探讨课程各组成部分如何有机地联系在一起的问题（施良方，1996）。具体到某一个学科课程，指的是学科课程的内容如何进行编排和设计。

（一）构建课程结构的原则

1. 课程构建的整体性

在进行课程构建的时候，首先要综合考虑学生的学习时间，进行整体设计，保证课程的构建是可以落实的。同时也要考虑课程的组成和内容是否落实了学校的课程哲学、学校课程目标和学科课程目标的要求，只有这样多元丰富的课程才会有框架、有脉络、有条理。

2. 课程构建的立体性

课程构建的立体性是指在课程构建中，要立足于学生的全面发展，设计多个维度的课程，使学生在文化基础、自主发展、社会参与这三个领域都得到发展。另一层意思，指的是要把课程的构建基于网络与现实的不同层面，使其具有不被时间和空间限制的可能，增加学生学习的机会，适应社会学习模式的变革，满足当代学生的学习需求。

3. 课程门类的多样性

学生的英语学习需求和英语学习水平都是有差异的，为了满足不同学生的不同需求以及同一个学生的多元需求,需要开设丰富多彩的课程门类。

4. 课程的灵活和可选择性

设计灵活的可选择的课程菜单,在内容上做到平衡、搭配,尊重学生的差异,同时提供几种方案供学生选择。如:设计英语综合实践活动课程,同时包括戏剧表演、文字记者、摄影记者等多个选项,学生可以根据自己的爱好选择去参加英语戏剧表演,也可以去做文字记者或者摄影记者,这样可选择的菜单,满足了不同学生的需求。

5. 课程设计基于主题语境

《高中英语课程标准(2017版)》提出:主题为语言学习提供主题范围或主题语境。学生对主题意义的探究应是学生学习语言的最重要的内容。主题语境涵盖人与自我、人与社会、人与自然,为学科育人提供话题和语境。英语课程应该把对主题意义的探究视为教与学的核心任务,并以此整合学习内容,引领学生语言能力、文化意识、思维品质和学习能力的融合发展(教育部,2017)。

在进行学校英语课程整体设计时,基础课程、拓展课程等从课程内容上可以以各年级的学习主题为统领进行设计。在课程实施中,基础课程的学习帮助学生对主题意义进行初步探究;学科拓展课程在内容上体现基于主题内容的补充和丰富,在形式上通过听说读写多种形式促进学生对主题的深入学习;学科拓展综合实践活动在内容和组织形式上促进学生的学习和生活的链接,引导学生采取多样的体验、实践方式,促进学生将自己的学习收获运用于实际生活中。

6. 课程内容有效链接学生生活

核心素养培养的是具有终身学习能力的、适应社会生活的人。课程构建要挖掘课程与学生生活的链接点。促进学生在生活化的语境中学习,在社会生活中实践自己学习收获。特别是综合实践活动课程和探究课程的设计,主题和内容要从生活中来,最终促进学生在生活情景中解决问题。

(二)前门小学"Progress—成长"英语课程结构

1. 课程构建的方法策略

在构建课程结构时,我们采取课程调试模式、课程选择模式和课程整合模式进行课程构建的创新实践。最终提出了如下思路:帮助学生巩固基础知识、基本技能和学习方法;拓展学生学习的时间和空间,满足学生多样化、差异化的学习需求；引导学生在参与各种探究活动中逐步形成自主学习能力。

（1）课程调试模式——促进学生巩固基础

课程调试是根据学生学习需求以及学科教学规律，对课程的目标、内容、教学方式进行调适和调整（熊梅，2009）。基础课程，要将国家课程目标、学习内容和教学方式依据前门小学学生英语学习现状和学习需求进行校本化的调试的过程。具体做法是抓住学科课堂教学主渠道，运用先进的教育教学理念指导教学过程设计和实施，在课程实施中尝试基于主题意义探究的单元整体教学、差异化理念下的英语分层教学和混合式的线上线下结合英语学习模式，帮助学生巩固语言基础知识、提高听说读写技能、发展思维能力，促进文化品格形成。

（2）课程选择模式——促进学生广泛拓展

课程选择是指从众多可能的课程项目中挑选、确定学校付诸实施的课程的过程（熊梅，2009）。在学科拓展课程中，基于学生多样化和差异化的学习需求，拓宽学生的学习。为了激发学生的学习兴趣，促进学生自主学习能力的提升，语言能力的发展和认知思维、文化品格的形成，课程开发小组设计了学科拓展课程——进阶系列课程、活动课程（主题活动、社团活动、多学科联动课程中的英语综合实践活动）、探究课程和贯通课程等。

（3）课程整合模式——促进学生积极探究

课程整合式可以把不同背景下的知识有机地联系起来，培养学生综合解决问题的能力，促进学生个性的和谐发展（熊梅，2009）。

探究课程的设计，指的是对学生自主学习能力的培养，包括英语学科主题探究课程，也包括在学校大主题活动中的跨学科探究活动。根据"学会学习"的要求，在探究课程中，学生解决生活中的实际问题，将学习与自己的生活深度链接，学生的实践能力和创新精神得到提升。（如：天坛课程中，如何完成天坛导游图的设计。如：世界环保日主题研究，学生自己检索素材，通过制作主题书的方式介绍，同时设计保护环境的途径，结合学校或者学生生活设计一个环保宣传活动。）

2. 构建实现课程目标的课程结构

前门小学英语课程结构的设计，是指围绕着基础课程、拓展课程、探究课程而进行的内容的选择、编排和设计。（图3-1）

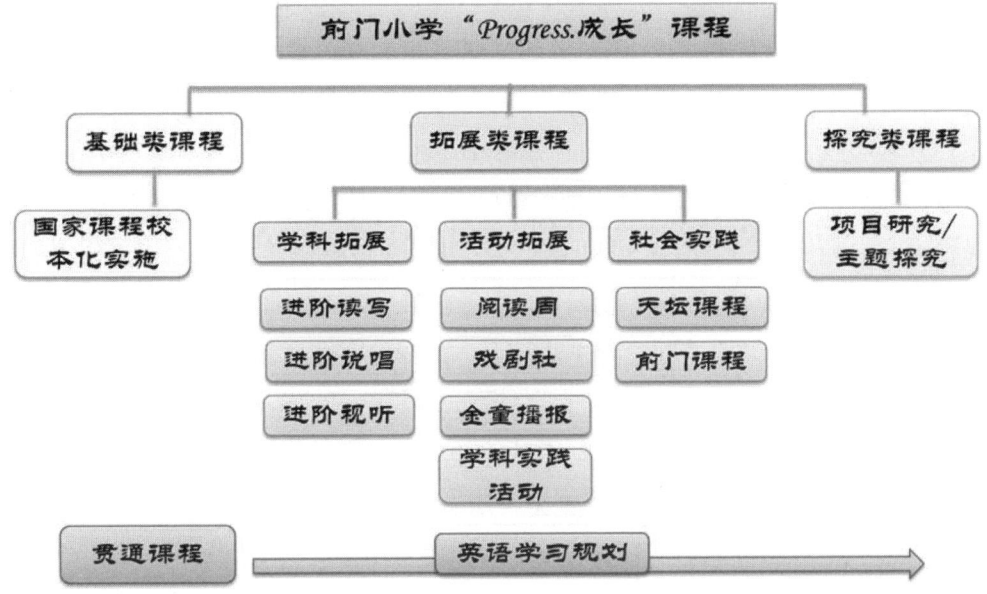

图3-1 前门小学"Progress—成长"课程结构

（1）基础课程

基础课程，是学生学习英语的主渠道。在基础课程的实施中，我们努力做到解读课程标准，将课程标准进行校本化融合。

● 立足课堂，做好基础课程实施，积极推进基于文本解读的单元主题的提炼、基于主题意义活动的探究。

● 重视多种形式活动的设计，如探究活动、研究性活动等。

● 通过差异化教学、弹性小组活动设计等方式提高学生学习质量。

● 认真研究评价设计，重视课堂教学中的表现性评价、学习过程中的预评价、形成性评价和终结性评价的研究，努力推进教学评一体化设计。

（2）拓展课程

拓展课程着眼于培养和发展学生的学习兴趣，满足不同学生的差异化学习需求，促进个性发展，提高学生自主选择课程的能力。

● 丰富拓展课程的门类和形式，最大化地满足学生学习需求。拓展课程从内容上可以分为三类：一是使学生在原有的学科基础上扩展，是基础延伸性拓展型课程（学科拓展课程）；二是为学生的综合学习提供通道，是广域综合性拓展型课程（活动拓展）；三是为学生的个性化发展开辟新的学习领域，是超越基础性的全新拓展型课程（社会实践）。

● 采用校本课程的形式，基于主题进行系列化的设计，同时根据学生实际学习情况，鼓励学生进行选择。前门小学"Progress—成长"课程体系的拓展课程包括学科拓展课程、活动拓展课程和社会实践拓展课程，其中学科拓展课程为必修课，活动和社会实践为选修课。

● 拓展学生的学习空间，与生活结合，与社会实践活动结合。

a. 学科拓展课程

学科拓展课程，为学生的必修课程，包括进阶阅读、进阶说唱、进阶视听三门课。这样的课程设计聚焦学生英语语言能力的提升，帮助学生突破英语学习中的难点，即阅读能力、写作能力、听说能力的提升。其中进阶说唱、进阶视听根据不同年级学生学习特点开设，中低年级为进阶说唱，高年级为进阶视听。

进阶课程——促进自我发展和能力提升

从课程的命名，我们不难看出，我们对拓展课程设计的目的，指向促进学生自我进步。学生课程学习的过程，就是一步一步攀登的过程，沿着学习的路径向前走，和自己比较，进步了就是最大的收获。同时进阶的命名也体现了课程内容的设置，是按照螺旋上升的方式进行排列，以主题作为每个年级学习内容的统领，在不同年级复现主题学习的内容，在内容的深度和广度上不断加深，最终促进学生的知识建构和能力的提升。

主课+弹性学习——应对学生的学习差异

为了适应学生的不同学习需求，我们在学习内容部分都设计了弹性选择内容，所有的课程都是如下结构：课堂学习+弹性学习。如：进阶阅读课程学生通过阅读课的学习掌握阅读方法之后，可以选择不同程度和水平的阅读书单进行阅读，学有余力的学生可以跳级读，学有困难的学生可以选择低一级水平的阅读内容。进阶写作课程的设计也是如此，写作课重在方法的引导，课后的写作练习可以基于自身水平进行选择。在课程的实施部分也充分体现了这种弹性设计，将在后面章节具体阐述。

b. 活动拓展课程

北京市课程计划中,对学科拓展实践活动提出了要求,要求每个学科都要安排不少于10%的时间进行学科实践活动课程。

在设计活动课程时,我们进行了三个方向的思考,在内容上,要促进学生对相关主题的深度认识,通过主题统领各门类课程,体现文化基础。在活动设计上,要拓宽学生的实践空间,与学生的生活充分链接,体现社会参与。从活动实施上,要设计体验、探究等多种形式的促进思维的活动,体现自主发展。

表3-1 前门小学"Progress—成长"课程之活动课程内容简介

学科实践活动	主题实践活动 (包括社团活动和社会实践活动)
主题活动: 　　结合学生的实际生活和社会生活,以特定的学习主题作为活动内容,如:节日、建筑、职业、气候与人类生活等。 　　以各年级各学期学习主题为统领,设计运用主题语言的多种形式的实践活动,如:设计我的毕业纪念册、制作主题小报、单词思维导图的设计等。 　　帮助学生使用相关主题语言,提升语言运用能力。	社团活动: 　　戏剧社、阅读周、金童电视台、金童小记者等社团活动。 社会实践活动: 　　引导学生将学习与生活情景进行链接,帮助学生用英语做事情。如:天坛小导游、前门老字号代言人、我们的地球倡议活动等。 　　让学生能够在参与各种各样形式的社会活动中使用语言,介绍中国文化、展示中国下一代的文化自信和国际视野。

(3)探究课程的设计

探究课程是学生运用研究性学习的方式,发现和提出问题,设计解决步骤,逐步寻找答案,展示结论的过程。对于英语学科而言,探究课程更体现在学生能够基于相关主题,提出问题,然后通过收集英文资料,寻找解决问题的方法,用英文撰写研究报告,并将解决问题的过程用英文展示。

● 英语探究课程,课程目标是多元的,既注重学生自主学习、探究问题的过程,又关注学生英语阅读、写作能力的提升;同时鼓励学生以小组为单位进行探究,合作解决问题,而且鼓励学生采取灵活多样的方式去学习和展示。

● 充分发挥学生学习的主体性,学生探究的内容由小组自行决定,学生自由组合学习小组,进行专题研究。

● 教师的角色定位为探究性学习的助手,当学生遇到问题时,给予及时的帮助，每个小组在确定研究题目、拟订研究计划和进行研究总结三个环节时，老师又担任答辩导师的角色，参与讨论，提出自己的建议。

● 探究课程大主题的基于学校课程的三大主题拟定，包括：人与自我——这样的我、我的目标、喜欢我自己、我的改变、我和朋友们、我和爸爸妈妈；人与自然——美丽的祖国大地、多彩的世界各国、充满魅力的大自然、世界地球村；人与社会——遵守规则、热爱生活、志愿行动、保护环境。

● 由于学生英语语言积累有限，教师会拟定若干个符合年级学习特点的大主题下的小的研究点作为研究建议，以帮助学习有困难的学生也能参与到探究学习中。

表3-2 前门小学"Progress—成长"课程之探究课程主题与研究点

六年级第一学期探究课程主题与研究点		
人与自我	人与自然	人与社会
提高学习效率 如何听讲最有效？ 提高单词记忆的方法 遇到学习困难该如何解决？ ……	人与自然环境 城市生活的好处 乡村生活的好处 如何改善环境，让城市更美丽？……	遵守规则 谈谈交通规则与安全出行 设计我们班的班规 在家里，我的角色是？
做好学习规划 如何制定适合自己的学习目标？ 我的英语学习的重难点和突破方法 ……	人与自然现象 雨雪天气如何安全出行？ 雷电是如何产生的？ ……	志愿行动 世界地球日知多少 怎样成为环保小卫士？
与同学相处 我的好朋友的样子 倾听与分享，应该如何做？ ……	人与自然资源 植物多重要？ 动物是人类的伙伴 ……	热爱生活 书是如何制作出来的？ 我的拿手菜 运动与健康的关系 ……

（4）贯通课程的设计

在前门小学整个课程体系中，贯通课程，也就是学习自我规划课程是1—6年级的必修课。学生需要分析自己各科学习的问题与优势，根据分析制订每个学期每个学科的学习计划，同时记录这个学期各科学习的情况，包括国家课程的成绩、拓展课程的学习评价和作品展示，以及探究课程的探究主题和探究成果，在一学期结束后，学生、家长和教师都会给出这一学期学习的描述性评价。

● 贯通课程是将学生自我认识、自我评价和自主学习能力形成过程显性化、具体化的一种方式。

● 在学期初、期中和期末，教师要上三次指导课，目的是帮助学生正确认识自己、找到合适的学习方法、对自己的学习做出合理的计划。同时还要在一学期内，逐一地对每个学生的学习规划进行个别指导，以适应学生的学习差异。

● 贯通课程采取学习规划手册的形式呈现，当学生完成整本手册，一个学期的学习过程将被清晰地记录下来，成为一本学生学习记录和成长档案。

第二节　课程设置

课程设置是对各种课程类型和具体科目的详细规定，它包括学校总体教学进度安排、课时分配、课程表编制标准等内容。课程设置规定了学校课程的具体运作方法与程序，是将学校静态课程结构转化为动态课程实施的纽带（杨四耕，2016）。进行英语课程设置，要将英语学习的总课时做出整体规划，要科学安排课时比例、实行长短课结合、将周课时学期课时综合使用，实施弹性化的课时安排。

一、国家课程和学科拓展必修课程设置

在国家规定的英语学时基础上，每周增加 1 学时（45 分钟）校本课程学时，进行进阶阅读课学习，其中 35 分钟进行进阶阅读课教学，10 分钟进行 SSR 持续默读活动。

一、二年级每周从国家课程学时中拿出 10 分钟进行 1 次 SSR 持续默读活动。三至六年级每周从国家课程学时中拿出 15 分钟进行两次 SSR 持续默读活动（7'+8'）。

二、学科拓展实践活动

利用学科课程的 10% 综合实践活动时间进行，每个主题学习后安排 1 次综

合实践活动学习。

三、活动类拓展选修课程（主题拓展活动、社会实践拓展活动）

活动类拓展选修课程利用综合实践活动进行。其中主题拓展活动（主题实践活动）和社团实践活动选修（成长戏剧社、金童小记者、金童电视台）在每周一下午校内实践活动时间进行，每周1学时。学生根据自己的学习需求和兴趣进行自主选择。

活动必修中的社会实践拓展活动——多学科联动课程（"天坛课程"和"前门课程"）利用每学期校外实践活动时间与其他学科共同进行，折合英语学习时间相当于每学期1次，每次3学时。

四、探究课程

探究课程每学期上3学时指导课，其余利于学生业余时间和寒暑假时间完成。

五、贯通课程设置

英语学习规划利用校内学科实践活动时间进行，每个月第一周的周三，每学期共4次，3次指导课时，1次分享总结课。

表3-3　学时安排

周学时安排（国家课程和拓展必修课）					
国家学时+本校学时（一、二年级155'　三至六年级200'）					
	国家课程校本化实施含学科实践活动	进阶阅读（每周二校本课）		进阶说唱/视听（每周一3节小课）	总计
		阅读课	SSR阅读		
一、二年级	80'	35'	10'	30'	155'
三至六年级	120'	35'	15'（7'+8'）	30'	200'

续表

周学时安排（拓展选修课+活动选修）					
综合实践活动学时（多学科综合使用，使用每周3学时中的1学时）45'×3=135'					
	主体拓展实践活动：主题活动/社团活动 （成长戏剧社、金童小记者、金童电视台）				总计
三、四年级	45'	45'	45'	45'	45'
五、六年级	45'	45'	45'	45'	45'
周学时安排（拓展选修课+活动选修）					
综合实践活动学时（多学科综合使用，使用每周3学时中的1学时）45'×3=135'					
	学科联动课程		英语学习规划 （每月第一个周三学科活动时间）		总计
	天坛课程 （天坛活动周）	前门课程 （前门活动周）			
一至六年级	45'×3	45'×3	20'×4		350'
学期学时安排　活动选修（探究课程）					
英语主体探究课程					
120'（三课时指导课）+寒暑期活动时间					

第四章

小学英语校本课程实施：解释与实施

第一节　课程解释

为了实现课程目标和规划方案，需要通过解释与实施两个步骤来落实。具体来说，就是要对教师进行课程方案的培训、营造课程实施的环境、统筹课程资源、对课程的实施过程和课程评价方法提出建议与要求。

为了保证课程实施的效果，首要的是要做好课程解释。所谓课程解释是指对于课程方案的解读和培训，以使得所有课程的开发和实施者达成共识的过程。对于课程解释，主要有以下两点：一是充分尊重教师作为课程设计者、实施者、评价者的权利；二是通过学习型组织的建设促进教师对于学校课程的理解，保证课程实施的效果。

一、保证教师的课程开发与选择的权利

充分尊重教师作为课程设计者、实施者、评价者的权利，促进教师深度参与课程开发与实施的全过程，加深教师对于课程目标、课程方案的理解。

1. 参与课程规划的权利

首先，学校课程开发委员会中，英语学科教师中的学科开发小组，负责研究和规划学校的整体课程规划方案。其次，当课程规划方案草稿出台后，所有的英语教师还要对课程规划方案中的每个环节提出个人的建议。最后，修改后的方案要求全体英语教师通过。

2. 参与课程开发的权利

拓展课程和探究课程，作为学校自主开发的校本课程，开发的主体就是全体英语老师，每个英语教师都可以提出两类课程中的具体内容，包括学习主题、主题安排、课时安排等的设计。相同年级的教师组成的年级小组就是年级课程

的开发主力。

3. 参与课程选择的权利

为了使课程实施能够有效落实，每个教师都有根据学生学习需求、学习特点等灵活选择和调整学习内容、学习活动、教学方式等的权利。而且，针对每个年级学习的主题和年级或者班级学习需求，教师在选修课中可以灵活选择相关模块进行个性化的班级或者年级学习定制。如，探究类主题，可以在学校建议中选择，也完全可以根据学生情况给出更适合的建议，或者尊重学生提出的主题。

4. 进行课程评价的权利

教师作为课程的开发者、实施者，是课程评价重要的角色。一方面，教师根据自己课程实施过程，对目标、内容、方式等做出及时的评价，基于评价进行教学过程的调试。另一方面，教师也要对整体课程规划方案进行评价，通过每学期的课程评议机制发表自己的意见，提出改进的措施。

二、学习型组织的建设促进学校的课程建设

学校学习型组织是指学校在开发和动态的管理环境中，为适应时代变革需要而生成的以人为本，以创新性学习为动力，体现人的生命价值，追求师生与学校共同成长与发展为宗旨的学校组织运行机制和管理模式（程振响，2007）。学校学习型组织有三个典型特征：一是层次扁平化，成员关系变为伙伴关系；二是工作学习化，所有工作问题都是通过共同学习而获得解决；三是学习工作化，学习围绕着工作主题进行，以持续的学习、转化和改变作为学校工作改进的过程（吴灯，2015）。

进行学习型组织的建设，有利于调动全体教师共同实现课程愿景，有利于课程制度的建设，有利于创新性地解决问题，促进课程的持续更新。按照温格（2003）提出的学校学习型组织建设的七个步骤，我们做出了以下尝试。

1. 选择主题领域

依据我校英语课程的内容提出研究主题领域，包括基础课程、学科拓展课程、探究课程三类课程的多个主题领域。

2. 彰显意义

课程开发团队的教师依据自身兴趣和特长，自主选择、自主结对，形成了多个校本课程开发小组，如阅读、视听、写作、戏剧等。

3. 识别核心参与者

对于学习主题有着专业背景、深刻理解和热情的核心参与者，是保证学习型组织活动质量的重要因素。因此，在课程开发小组组长的选定时，并不仅仅依据是否骨干教师或者教龄长短，我们采取的是主动申报、演讲选择的方式进行公开选聘。

4. 发展新手参与者

新手参与者是学习型组织发展的动力，在组成课程开发小组时，由组长宣讲自己的课程设想，吸引更多的年轻教师参与。

5. 建立活动常规

根据我校课程的相关制度，每学期初和学期末会有一次课程的专题培训和总结会，每周每个课程开发小组会进行一次研讨，解决课程实施中的具体问题，每个月会有一次英语学科课程专题会，各小组分享课程实施中的经验或者做法。

6. 保持问题不断处于实践前沿

课程的开发和实施处于一个不断动态改进的过程，在这个过程中，课程小组以行动研究的方式，针对出现的问题做出及时的调整，并在实践中尝试，再次总结改进。

7. 积累和建立共享知识库

依托学校信息平台，每个课程开发小组的相关资料都以文件库的形式共享并随时更新。

下面是建设学习型组织的案例：

校本研究团队建设——如何突破课程开发和实施中的难点

闫　萍

在进阶阅读课程的开发和实施的过程中，我们深刻感受到专家指导和研究团队建设的重要性。专家团队给予了前门小学英语绘本阅读课程开发与实施细致的指导,从理念和实践两个层面上给予了指导。应该说,我们的研究少走了许多弯路,但是即便如此,在课程实施的过程中,我们依然遇到了巨大的困难。

困难来自绘本阅读的教学设计和实施。我们发现每个绘本都有自己独特的结构,故事类读物的情节发展不尽相同,有的是随着时间推进顺序发展,有的是前后对比关系,有的是发现问题、解决问题的思路。而百科类读物的文本结构更是各有不同。不同的教师对文本解读的层次不同,教师已有的教学理念和教学经验直接影响着解读文本和教学设计水平。做好教学设计,如何在实际教学中根据学生的学习情况进行灵活的调控也是难点。如何突破教学设计难点,让教师爱上教学设计,不觉得有困难?如何突破实施过程中,对学生反馈关注不够,只是教师教而不引导学生学这一顽疾?我们的对策是形成研究团队,同伴互助攻克难点。

(一)形成研究团队

我校共有十一名英语教师,全员参与绘本阅读课程实验。其中有三位教师教学经验丰富,教学理念先进,是区域的教学骨干。第一阶段,我们以三位教师为组长,将十一位教师分为三个小组,每个小组分别围绕着不同主题开展学习、备课、上课、研讨等多样活动。目的是,初步形成研究团队,帮助每位教师了解小组研讨的机制,进行分工和合作。在实验进入第二年,我们打破三个团队的人员已有模式,进行了随机分组,形成新的研究小组。之后的每一个学期,我们都重新随机分组,这样的随机模式,鼓励了所有教师都发挥自己作用,杜绝了团队研讨中的惰性,同时使每个教师都能参与到不同主题的研究中,促进了教师的全面发展。

(二)设计团队活动

1.团队活动形式多样

我们开展了形式多样的团队活动,如:工作坊,以小组为单位共同完成任务,文本解读,绘制文本结构图等。

如:课例研究。通过参与课题组活动,我们发现课例研究的方式非常利于突破绘本阅读课教学设计难点，因此我们要求研究小组每学期都要完成至少一个课例研究。每学期每个研究小组都会上报课例研究的主题和内容，小组内完成最少三轮的磨课和上课的过程，最终提交一份完整的教学设计和一份课例研究过程资料（三稿设计，课堂观察表，问题分析，解决策略）。

2. 团队研究主题多样

团队研究的主题不但有教研组建议，也包括教师们自拟，最后教师们讨论，哪些是大家认为的教学设计或者实施的难点，哪些就成为研究的主题。在几个学期研究中，先后讨论过以下一些主题：拼图式阅读活动设计的分组，读后活动设计，故事板书设计，思维导图在教学中的应用，如何促进学生注意力保持，故事教学中教师语言的设计等。

本学期，围绕着如何突破教学设计的三个重要环节，我们分别形成了三个研究小组，文本解读小组分别选择故事和百科类读物进行6个文本解读。问题设计小组，基于解读进行设计。活动设计小组基于以上两组的成果进行活动设计。这是一个非常有意思的活动方式，每个小组都对前一组任务进行评价和修正，促进了整体的提升。

3. 团队研究活动灵活

团队研究活动设计由小组教师共同完成，如，在对"Big Cats Babies"这一科普读物的文本解读的研究中，各组教师就一致选择了绘制文本结构图的方式。在几次研究过程中，教师们发现，绘制文本结构图是非常有效的提升解读水平的方式，小组3—4人在共同完成结构图中，对文本的理解产生了讨论、争论，非常有价值，听到多个不同角度的解读，同时产生了思考，促进了不同层次解读水平的教师迅速读准，梳理清晰，在之后的备课活动中，教研组总是把绘制文本图作为文本解读的重要步骤。

在整个进阶阅读课程实施的过程中，由英语教师和学科专家组成的研究团队始终采取行动研究的研究方法，通过团队合作的形式，基于问题，分析原因，寻找对策，最终突破了研究难点。

第四章　小学英语校本课程实施：解释与实施

第二节　课程实施

课程实施是将事前经过规划的课程方案付诸实际教学行动的实践过程，是课程规划最终能够得以实现的关键行动。课程实施要遵循一定的原则，采取清晰的思路，同时关注教学评一体化的实施步骤。

一、课程实施的整体思路

（一）学段目标校本化

国家课程是全体学生同修的课程，着眼于奠定学生英语学习的共同基础。基于课程标准、落实国家课程内容的教学，必须从学校教学实际出发，依据本校学生培养目标，适度调整教学节奏，增强课程的适应性（王建平，2018）。基于《义务教育英语课程标准（2011版）》《高中英语课程标准（2017版）》和学校英语课程目标的具体内容，参考国内外研究成果，借鉴北师大王蔷教授团队关于《英语课程整体创新的研究》成果，课程研发团队撰写了《前门小学"Progress—成长"英语课程教学标准（试行稿）》。

校本化标准突出了以下特点：1.将国家课程标准一级和二级分级标准进行细化并根据我校学生学习实际和"Progress—成长"英语课程学习内容进行调整，明确了小学1—6年级的具体标准。2.参考《高中英语课程标准（2017版）》中对于英语学科素养的界定，设定为四方面内容标准：语言能力、思维品质、文化品格、学习能力。其中学习能力中增加跨学科能力的相关指标，以提升学生的综合实践能力。3.学习能力部分，提出学习策略标准，增加指标和项目。

表4-1　前门小学英语课程一年级英语教学标准（试行稿）

	一年级英语教学标准（试行稿）
语言知识	（1）26个字母的名称，大小写书写形式，字母顺序； （2）描述或谈论自己、家庭成员、学校、常见颜色、数量等的基本词汇及表达法； （3）基本的课堂指令：如stand up, sit down, put up your hands； （4）用于指示人或物的句型，如This is … , It's a book；

续表

		一年级英语教学标准（试行稿）
语言知识		（5）描述他人动作的表达法，如swim, run； （6）介绍他人的表达法，如This is Mary. This is my father.； （7）表达个人喜好的表达法，如I like……； （8）表示问候、告别、感谢、致歉的日常交际用语； （9）感知名词的单复数概念。
语言技能		理解技能——听、看： （1）能根据听到的词语、句子或对话识别或指认图片或实物； （2）能听懂简单的课堂指令做出反应； （3）能在图片和动作提示下，听懂简单的英语小故事、歌曲歌谣并做出反应； （4）能根据课堂指令做事情，如指认图片、涂颜色、画图画、做动作、做手工等； （5）能看懂简短的英语小动画。（每周40分钟） 理解技能——读： （1）喜欢与老师一起读故事； （2）能认读26个字母、60个左右单词和10个习惯用语； （3）能借助图片，读懂简单的句式重复性较强的配图小故事； （4）初步了解英文印刷品的知识，如封面、作者、封底； （5）能够按照页码的顺序进行阅读、指读等。 表达技能——说： （1）能回答老师的提问，能模仿录音说英语； （2）能和同伴完成简单的日常交流，如问候、告别、致谢等； （3）能用所学知识简单描述自己、家庭、朋友、颜色、数字、身体部位等； （4）能在教师的帮助下，尝试完成简单的口头表达，如描述图片的内容、介绍自己的作品； （5）能按要求用简单英语做游戏； （6）能在老师帮助下，表演故事片断，能尝试表演英文童谣（初步）。 表达技能——写： （1）能正确抄写26个英文字母大小写； （2）能借助图片，补全单词所缺字母。
文化知识 文化意识		（1）知道英语中最简单的称谓语、问候语和告别语； （2）知道英语国家最常见的节日，如圣诞节。
学习能力	学习策略 与 思维品质	（1）能在课上专心听讲，能注意倾听他人发言； （2）能对学习内容主动模仿、练习； （3）有问题向同学和老师请教； （4）和小组同学一起完成任务； （5）能借助图片和实物来获取文本信息、进行联想记忆； （6）能积极回答教师提出的问题。
	跨学科学习能力	（1）能结合情境用英语数数；

续表

		一年级英语教学标准（试行稿）
学习能力	跨学科学习能力	（2）能区分物体的颜色、数量； （3）能理解家庭成员的关系； （4）能初步具备说、唱、演、画、做手工的能力； （5）在教师的指导下尝试小组合作完成任务。

（二）教学内容主题化

《高中英语课程标准（2017版）》中指出，英语课程包括六要素：主题语境、语篇类型、语言知识、文化知识、语言技能和学习策略。其中主题语境涵盖人与自我、人与社会和人与自然，涉及人文社会科学和自然科学领域等内容，为学科育人提供话题和语境。所有的语言学习活动都应该在一定的主题语境下进行，即学生围绕某一具体的主题语境，进行主题意义的探究（教育部，2017）。

目前使用的国家课程教材是以交际功能和语言结构为主线，相关主题内容为隐性内容。为了更好地将功能和话题有效整合为主题语境，更利于学生英语学习语境的创设，课程团队提取单元学习内容的学习主题，将单元学习主题情景化，研发出了"Progress—成长"英语课程学习主题，以增强学生学习兴趣和学习体验，促进学生基于主题意义的探究展开语言学习活动。

表4-2 前门小学英语拓展课程学习主题资源（三年级第二学期）

学习主题	学习资源			
	国家课程	拓展课程		
	国家课程（北京版小学英语）	进阶阅读	进阶说唱	进阶视听
日期与月份	Unit 1 谈论日期	My Week《丽声百科万花筒》	January First	Day and Night
	Unit 2 谈论日期、月份、计划	Going Somewhere《丽声百科万花筒》	Tomorrow She Will Go Camping	Let's Travel
生日	Unit 3 谈论生日、年龄	The Gingerbread Micro-man The Birthday Cake Yum 《领先阅读X计划》	When Is Her Birthday?	Happy Birthday Cooking

续表

		学习资源		
天气	Unit 5 谈论天气	The Rainy Day Snow Spoons What's the Weather Like Today? 《领先阅读X计划》	How's the Weather?	Let's Travel
描述数量	Unit 6 谈论文具类物品及数量	Just One Cookie 《攀登英语阅读》	Numbers 1-10	Numbers
节日	Unit 7 谈论节日	Christmas Bread	Christmas Song	Party Time

（三）各类课程整体融通

基于学习主题，课程研发团队将基础课程的学习内容和拓展课程中的进阶阅读、进阶说唱、进阶视听以内容链接的方式进行有机的整合，使学生在进行英语学习时能够围绕一个内容进行多种形式的语言输入和输出活动，不但促进了学生的听、说、读、写能力全面发展，更促进学生多角度多频度地接触和学习语言、思考和交流；为学生的语言交际、思维发展提供了有力支持，促进学生在全语言情境中学习英语。

二、课程实施建议

（一）加强有效教学，突出教学效果

课程实施重在加强有效教学，突出教学效果。具体的做法是加强备课设计，强调落实，关注反馈和课堂改进。

1. 高效的课堂源于全面、准确、深入的备课

备课环节，教师先要进行细致的文本分析，特别是充分挖掘教材中的非文本信息，准确把握教学内容。对于文本解读可以遵循如下三个步骤：第一，弄清教学内容是什么，做到全面把握教学内容。要从主题、情节、语言进行文本解读。思考如下问题：文本所涉及的学习主题是什么？故事的情节主线是什么？文本内容是否是以时间、地点作为主线推进的线性发展？每个小情节之间的关联是怎样？是并列的还是递进的？第二，思考作者为什么如此设计教学内容，

读出文字背后的意思。思考如下问题：文本传递了怎样的情感与价值观？文本哪些部分可以促进学生思维发展，培养哪些策略？第三，读懂文本内容和学生生活实际的联系。思考如下问题：本课的学习主题和学生已有生活经验有什么关系？学生已知有什么？而未知又有哪些？可以采取何种方式激活学生经验，促进学习。

2. 高效的课堂源于清晰的问题设计

课堂教学实施环节注重从学生已有的经验出发，激活学生对于相关主题的语言和经验；通过问题链的设计，引发学生思考、观察、提取信息、建构意义，从而实现学生对主题和语言理解的提升和优化，形成新的知识结构，促进学生将新学的知识建构到学生已有的知识体系中。每个教学环节的问题设计要体现引导学生基于已有的图示，主动建构新图示的过程。（图4-1）

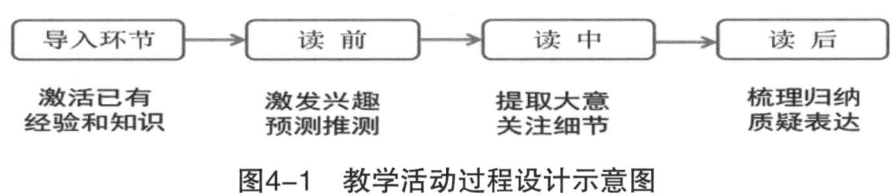

图4-1　教学活动过程设计示意图

3. 高效的课堂源于多样化的活动设计

多样化的学习活动设计是学生最终习得语言知识、发展语言能力的有效途径。在课程实施的研究中，我们尝试设计了促进学生主动学习、积极探究的多种活动，包括：任务型学习活动，任务内容与学生实际生活紧密联系，激发学生参与热情；任务步骤由易到难，形成学习阶梯；任务分组兼顾不同层次学生，提高学生的参与度。合作学习，学习分组兼顾个体差异、学习特点和学习程度；培训合作技能，给每个层次学生获得成就感的机会；合作学习过程中注重对学生语言能力、学习能力、思维品质和文化品格的培养。例如，合作归纳语言知识，教师设计基于一个主题头脑风暴积累词汇的活动，学生合作归纳主题词汇，既巩固了语言知识，又发展了思维能力。合作巩固活动，在听说学习的巩固环节，让学生和小组同学先合作完成练习，然后进行展示，促进了学生语言能力的形成。合作任务活动，以小组为单位对某一个主题，如节日进行多角度归纳（时间、食物、特色活动），然后完成主题报的制作或者PPT文稿的介绍。

通过这样的高效的课堂教学，学生们在英语学习的全过程中，始终调动自己的经验去理解，去思考，去主动建构。伴随着学习过程，他们的语言能力、学习能力、思维能力都得到发展。

（二）采取多样性的评价，促进学生自我反思和改进

"Progress—成长"英语课程的目标是学习评价的基本标准，评价内容包括语言能力、学习能力、思维品质和文化品格。我们关注学生学习过程的自我反思和改进，以契合我校"自主教育"办学理念，主要采取了形成性评价和终结性评价相结合的方式。形成性评价重点评价学生的学习行为表现和合作学习情况，终结性评价不仅包括学生的期末考试成绩，还包括学生自己制作的英语学习档案、学生的英语学习规划手册等。

形成性评价设置《"Progress—成长"英语课程课堂学习形成性自评表》，评价项目包括五方面：认真倾听——关注学生学习专注度，积极思考——引导学生学会思考，大声发言——促进学生知识巩固，大胆提问——引导学生个性发展，乐于合作——促进学生与人交往。《自评表》每节课后填写，每月汇总。

形成性评价还包含以下项目内容，如：课堂听力活动、课堂口语活动（辩论、问答比赛、角色扮演等）、书写作业、项目作业（如海报、广告、宣传册制作等）、小组讨论表现、小组互评情况评价等。（图4-2）

前门小学"Progress—成长"英语课程
课堂学习形成性自评表（＿＿月）

_____年级_____班 姓名_____

		认真倾听	积极思考	大声发言	大胆提问	乐于合作	等级
第一周	1						
	2						
	3						
第二周	1						
	2						
	3						
第三周	1						
	2						
	3						
第四周	1						
	2						
	3						

注：评价等级为Good，Not bad，Try again

图4-2 课堂学习形成性自评表

（三）基于学生学习差异设计教学，让每一个学生都有收获

小学英语作为英语教育的起始阶段，要激发学生的学习兴趣，帮助他们形成良好的学习动机。但是由于教学班级人数众多，很多老师不能关注每个学生，造成教学方法单一，使得一些学生失去了兴趣，甚至产生了厌学情绪。

作为英语教育者，需要遵循小学生的身心特点和成长规律，切实改进小学英语课堂教学，努力提高小学英语教学的质量和效率。而要解决这些问题，关键在于怎样处理学生的差异，因此，差异化教学在小学英语教学实践中的研究有其必要性和重要性。

华国栋（2014）在《差异教学论》中，将差异化教学界定为"在班集体教学中立足学生的个性差异，满足学生个别学习的需要，以促进每个学生在原有基础上得到充分发展的教学"。Tomlinson（2001）认为差异化教学是为了适应学生学习需求的差异而改变教学方式。联合国教科文组织对差异化的定义是"差异化教学时根据课堂上不同学生的不同能力对课程进行调整的过程（UNESCO 2004）"。以上表述虽各有不同，但都包括以下要点：了解学生、满足个性需要、灵活多样的活动、根据形成性评估及时调整教学。在小学英语教学中实施差异化教学要求教师做到尊重学生的主体性和差异性，基于对学生的充分了解，按照学生的差异来设计和组织教学内容和教学活动，并基于形成性的评估及时调整教学过程以适应学生的差异化学习需求。

运用差异化理念进行课前、课中、课后活动设计，以及教学全过程的形成性评估设计和差异化作业设计能促进学生学习兴趣和学科素养的提升：

课前的预评估活动可以了解学生差异，帮助教师确定教学设计的起点；

课中的可调节任务活动、弹性分组等策略的使用可以满足学生学习需求的差异，促进学生学习活动的进行；

课后的差异化作业的设计，能帮助每个学生巩固学习成果，促进持续学习的发生。

在教学全过程中，教师进行差异化的教学评估，对教学过程进行及时的反思性调整，可以保证每个学生学习过程中始终处在最适合的学习中。

第五章

小学英语校本课程评价：评价反馈

课程的开发是一个连续的动态的课程改进过程，评价作为课程改进的工具，要始终关注愿景与方案、计划与实施、目标与过程的一致性，保证课程能够持续进行动态的调试和改进，促进课程开发目标的达成。

英语课程的评价当反映以人为本的教育理念，着重评价学生的学科核心素养发展状况，以核心素养的内涵和水平为依据，涵盖教学内容的各个方面，体现学业质量的指标要求，采用科学、合理的评价方式和方法，对教学过程实施有效监控，对学习效果进行适时检测（教育部，2020）。

第一节　课程评价的目标、内容、方法和原则

一、确立评价目标

核心素养导向的课程评价目的是通过评价改进课程设计和课程实施，促进学校课程愿景的实现，通过评价促进学生素养的养成，通过评价促进教师的专业成长。课程评价既要促进课程改进和促进课程的完善、又要促进教师的发展和教学质量的提升，更要关注学生作为学习主体的学习兴趣、学习需求，促进学生创新思维的发展、文化意识的形成和自主学习能力的提升。

二、设计评价内容

学校的课程评价应当包括课程方案的评价、课程实施的评价（英语课程实施评价和教师教学实施过程评价）、学生学习评价。

课程方案评价应当依据学校课程目标、课程愿景进行设计，重在评估课程方案中的课程设置、课程结构、课程实施、课程评价等具体设计是否落实了核

心素养导向，是否能够促进课程目标的达成和愿景的实现。

课程实施的评价应当依据课程方案中各具体门类课程的课程大纲，重点评估各具体门类课程的课程内容、实施方法和教学效果是否共同促进了课程目标的实现。

教师教学实施的评价应当依据学校课程方案中的实施建议设计，重在评估教师的教学行为、教学活动、学生参与程度和学习效果，了解教师的教学过程是否有效，是否促进了学生素养的养成。

学生的学习评价要依据校本化的学校《英语课程标准》中的领域和各部分的具体指标设计，要关注学生的学习习惯、学习过程和学习效果，重在评估核心素养的养成，即学生的知识建构、语言技能、自主学习能力、正确的价值观和文化意识的形成。

三、灵活选择评价方法

（一）质性评价和量性评价相结合的方式

量化评价包括测试、量表评价、抽样调查、对比调查等。质性评价方法包括课堂观察法、学习档案、访谈等。

（二）形成性评价和终结性评价相结合

要关注日常课堂教学中的学习反馈，包括教学过程中学生参与活动时的活动表现、活动时的学生的自评互评等。在课程学习结束后，还要根据终结性评价（标准化测试和终结性评估）进行数据的收集和分析。

四、明确评价的原则

（一）激励性原则

评价的目的是鼓励学生积极参与英语课程学习，激发他们的学习兴趣，促进他们的自主探究和主动解决问题。

（二）导向性原则

通过评价，促进学生积极地学习语言、进行交流、学会学习，形成积极的价值观、民族自豪感和国际视野。

（三）科学性原则

评价的目的、内容、方法、程序等要经过论证，科学、合理，能为学生的英语学习服务。

（四）实效性原则

要根据评价目标，采取适当的评价方式，及时而全面了解学生学习进程、教师教学效果、课程的设计和实施的情况，为促进核心素养导向的目标达成而起到积极的推动作用。

第二节　课程方案评价

对于课程方案的评价，需要注重分析课程目标、课程结构、各个具体课程的内容与学校的培养目标、学生学习基础和需要之间的匹配度，根据匹配度情况打分，依据打分结果开始新一轮的改进性的设计。

一、评价内容

对课程方案的评价需要将课程方案中的目标、结构、课程内容、课程设置等各要素与学校的培养目标、学生的学习基础和学习需要进行一一对应，评价它们的一致性、合理性、科学性。

一致性指的是课程方案中的各个要素的内容、呈现形式和序列，能够完全体现学校课程总体目标，即核心素养培养的目标导向。

合理性指的是课程方案中的各要素的内容、呈现形式和序列，能够适应学生的学习基础、学习需要，促进学生的素养的发展。

科学性指的是课程方案中的各要素的内容、呈现形式和序列，符合英语学科的学习要求，符合当前的学习理念，无科学性的错误。

表5-1　前门小学英语课程方案评价表

	一致性 1 ⟶ 5	合理性 1 ⟶ 5	科学性 1 ⟶ 5
课程目标			
课程结构			

续表

	一致性 1 ⟶ 5	合理性 1 ⟶ 5	科学性 1 ⟶ 5
课程设置			
课时分配			
课程材料			

二、评价程序

步骤一：开发小组评议 + 学生评议

对于校本课程方案的评价应当首先在课程开发小组内部评议，即全体英语教师作为开发者，同时也是课程方案的评价者。与此同时，在不同年级进行学生抽样访谈，从访谈的结果中了解课程方案在一致性、合理性和科学性三个方面的实际情况。

步骤二：提交学校课程发展委员会，由委员会的成员（包括校长、行政、各个课程开发小组组长、专家、家长和社区代表）进行评议。

步骤三：基于评价反馈调整方案。

三、评价方法

采取教师问卷调查、学生个别访谈、教师课堂观察等相结合等方式，基于直接数据和间接数据的分析结果，得出评价结论。

第三节 课程实施评价

课程实施主要包括学校课程实施和教师课堂教学实施两个层面。对英语课程实施的评价要关注课程实施中师生、家长等对课程的每个门类具体课程的内容、呈现方式、学习方式、评价方式的意见。对教师教学实施评价要重点关注教师是否以学生作为学习的中心，通过设计多种形式的学习活动，促进了学生素养的提升。

一、对英语课程实施的评价

（一）评价内容

依据各个具体门类课程的课程大纲，重点关注每个具体课程的学习内容、呈现方式、学习方式、评价方式是否充分满足核心素养导向的课程目标的落实和学生的学习需要。

（二）评价程序

步骤一：依据评价表进行各门类课程的英语教师自评、互评和学生调查

步骤二：学校课程发展委员会中的英语课程专家小组进行综合评价

表5-2 前门小学课程实施诊断评价表

项目		非常符合	基本符合	不符合
1	该课程实施与培养目标一致性高			
2	该课程实施符合教育教学理念要求			
3	该课程资源配置合理			
4	该课程实施程序清晰			
5	学生参与该课程积极性高			
6	该课程实施尊重了学生差异化需求			
7	教师参与该课程实施积极性高			
8	家长对于该课程满意度高			

步骤三：基于评价反馈进行改进

（三）评价方法

每学期课程学习结束后，由任课教师完成每个门类的课程自我评价表、英语课程开发小组的教师需要在一学期听课十节的基础上完成该门类课程的互评表和听课课堂观察表、学生和家长在每学期学习结束后会完成该门类课程的调查问卷和满意度问卷。综合以上数据为该门课程的实施打分，提出进一步改进的建议。

二、对教师教学实施的评价

依据学校课程方案中对于教师教学实施的建议和要求制定,主要评估教师的教学目标、教学方法、教学过程、教学效果等几个维度。

表5-3 前门小学"Progress—成长"英语课程课堂教学评价表

	评价指标	很符合	符合	待改进
教学目标	目标符合《课程标准》要求和学生差异化学习需求 目标描述清晰、具体、有层次 目标多元化、可操作			
教学方法	教师关注学生学习参与度,调动学生学习积极性 教师根据学习内容灵活设计教学方法,对学生的学习指导示范准确有效 教师了解学生学习情况,突出重点、突破难点 教师基于学生学习准备和差异进行分层设计 信息技术手段在教学中有效使用			
教学过程	教师教学过程调控有效,教学组织有力 教师作为学生学习的组织者、指导者、合作者、激励者 教师尊重学生,关注差异			
教学效果	教学目标达成度高,不同层次学生均有收获 教师能通过教学实施落实课程理念 教师积极与学生互动,享受教学过程			

(二)评价程序

步骤一:教师自评

任课教师每节课结束后,依据评价表内容,做出自评,并写出反思和改进。

步骤二:同行互评

每个月英语团队的每位老师至少互听课2节,并根据评价表格,给出互评。

表5-4 进阶阅读课程实施教师自评和互评表

	非常适合		待改进
学习内容			
呈现方式			
学习方式			
评价方式			
描述性评价简评			

步骤三：反思改进后的再评价

任课教师在进行反思性改进之后，邀请英语团队所有教师集体听课，针对自己的改进点再评价。

评价方法

采取教师自评、小组互评、学期测评的方式相结合。每节课教师都要就授课情况进行自我反思；英语组教师听课时进行课堂观察，记录优缺点，之后完成评价表；学生学期末要完成对教师的课堂教学的问卷调查；最后结合学生终结性评价的效果进行教师教学实施学期评价。

第四节 学生学习评价

学习评价是指对学生的学习态度、学习过程和学习效果所进行的判断和评定，它既包括对学生学习进程的诊断，又包括对学习结果的评定。通过学习评价可以全面掌握学生学习的情况，完成学习任务的情况，为教学和学生发展提供反馈和改进。

第五章 小学英语校本课程评价：评价反馈

一、理解性技能

表5-5 前门小学英语课程标准（部分）

语言能力	内容描述	标准描述	基础	平均	提高
理解性技能	1.能听懂课堂教学中的提问。	1.1 能在教师反复提示下听懂简短的指令和提问，并做出反应。 1.2 能在课堂中听懂指令和提问，并做出正确反应。 1.3 能在课堂中听懂指令和提问，迅速准确做出反应。			
	2.能听懂熟悉话题的多轮对话或语篇，提取大意。	2.1 能听懂语速较慢、篇幅不长（40词）的语篇，提取简单的直接信息。 2.2 能听懂语速适中的对话或者语篇，理解并提取主旨大意。 2.3 能听懂语速适中的对话或语篇，推断内容，提取隐含信息。			
	3.能听懂他人口头传递的信息，并做出恰当的反馈，顺利完成交际活动。	3.1 能听懂简单的口头信息，在同伴的帮助下进行简短对话。语言基本正确。 3.2 能听懂常用主题的口头信息，和同伴进行多轮次的语言交流。语言正确。 3.3 能听懂常用主题的口头信息，和同伴持续开展对话。语言得体、正确。			
	4.能选择阅读书目、制订阅读计划，展开阅读活动。	4.1 能在老师的帮助下，根据自己的兴趣爱好选择书目，制订计划并完成计划。 4.2 能根据自己的阅读需求，制订计划，并完成计划。 4.3 能根据自己的阅读需要，制订详细的计划、完成计划，并进行针对性的调整和评价。			
	5.能读懂各种常见题材的语篇中的文字信息和图篇信息，并做出正确判断。	5.1 能借助图片、问题的引导，读懂熟悉话题的小对话（4个话轮）、小语篇（80词以内），提取简单直接信息。 5.2 能借助图片、问题的引导，读懂熟悉话题的小对话（4个话轮）、小语篇（80词以内），理解概括大意，获取细节信息。 5.3 能借助图片、问题的引导，读懂熟悉话题的小对话（4个话轮）、小语篇（80词以内），进行推理，提取隐含信息。			

续表

语言能力	内容描述	标准描述	基础	平均	提高
理解性技能	6.能运用一定的阅读策略和方法，展开阅读活动。	6.1能够在老师的帮助下，看图片、封面、目录、扉页、标题、关键词等，初步理解文章大意。 6.2能够看图片、封面、目录、扉页、标题、关键词等，预测故事情节、推测和判断故事大意。 6.3能够借助图片和文本信息，进行分类和对比、概括主要信息、对故事情节进行合理的推测和预测，并结合阅读内容进行讨论。			
	7.能读懂学习材料中的要求和指令，并做出反应。	7.1能读懂简短的指令和要求，并做出反应。 7.2能读懂指令和要求，并做出正确反应。 7.3能读懂指令和要求，迅速准确做出反应。			
	8.能正确朗读各种常见题材的语篇。	8.1能基本正确朗读所学语篇，发音清楚。 8.2能较为正确、流利地朗读所学语篇，语音语调较好，能初步养成按照意群朗读的习惯。 8.3能正确、流利、自然地朗读所学语篇，按照意群朗读。			

二、表达性技能

表5-6 前门小学英语课程学业标准（部分）

语言能力	内容描述	标准描述	基础	平均	提高
表达性技能	1.能就所学习的相关话题与人交流。	1.1能在同伴或者老师的帮助下，就常见的话题进行简单交流。 1.2能就所学习的相关话题进行交流（4—6个轮次），内容达意，借助肢体语言等方式延续对话。 1.3能就所学习的话题进行交流（4—6轮次），内容达意，语言流畅自然。当遇到交流困难时，通过多种方式保持对话，如重复问题、转换提问方式、肢体语言等。			

续表

语言能力	内容描述	标准描述	基础	平均	提高
表达性技能	2.能在图片的提示下讲述和表演小故事；能够基于图片信息连贯表达。	2.1 能在老师的帮助下，借助图片，讲述和表演简单的小故事；基于图片信息，简单描述，做到语言基本正确。 2.2 能借助图片，讲述和表演故事，情节完整、语言正确、表演完整。能够基于图片信息，连贯表达。 2.3 能借助图片，讲述或表演故事，做到情节合理、表达丰富、时态正确、表演流畅。能够基于图片信息，连贯表达，内容丰富。			
	3.能灵活使用相关语言结构，描述或介绍自己的经历、计划等。	3.1 能在老师的提示下，运用语言结构，简单描述或介绍经历和计划，语言基本正确。 3.2 能正确使用相关语言结构，描述和介绍经历和计划，语言表达正确。 3.3 能灵活使用语言结构，描述或介绍自己的经历和计划，语言表达丰富。			
	4.能在口语表达中，做到语音语调正确、自然、流畅。	4.1 能在口语表达中，做到语音语调基本正确，虽有少量问题，但不影响交流。 4.2 能在口语表达中，做到语音语调正确，较为流畅。 4.3 能在口语表达中，做到语音语调正确，表达连贯、自然、流畅。			
	5.能够模仿范例写出常用应用文，包括通知、邮件、操作说明等。	5.1 能够模仿范文进行常用应用文写作，语言基本正确，内容基本达意。 5.2 能够模仿范例写出常用应用文，语言正确，内容达意。 5.3 能够模仿范例写出常用应用文，内容丰富，条理清晰，表意连贯、清晰。			
	6.能够借助图片、表格、问题等的提示就自己熟悉的话题进行书面表达。	6.1 所写文段，有少量错误，但基本达意。 6.2 所写文段，内容具体，结构和用词基本正确。 6.3 所写文段，内容丰富，条理清晰，句式多样，表意连贯、清晰。			
	7.能够正确地使用常用表达符号和大小写字母。	7.1 能够基本正确地使用常用表达符号和大小写字母，书写清晰。 7.2 能够正确地使用常用表达符号和大小写，书写规范。 7.3 能够正确地使用常用表达符号和大小写字母，书写规范、美观。			

（二）评价策略

1. 基于"教学评一体化"理念设计学习任务单

完整的教学活动包括教、学、评三个方面。教师把握核心素养导向，通过组织有效的教学活动，达成育人目标；学生在教师的指导下，通过主动参与各种语言实践活动，将学科知识和技能转化为学科素养；在教与学过程中，教师依据目标确定评价内容与标准，组织和引导学生完成评价导向的多种评价活动，以监控教与学的效果，实现以评促学、以评促教（王蔷、李亮，2019）。推动核心素养背景下英语课堂教、学、评一体化意义、理论与方法。

在教、学、评一体化设计理念中，学习评价是贯穿于教学全过程，基于目标设计过程，基于活动实现目标，观察目标的达成进行评价。因此，教师进行教学设计时，将学习目标与评价指标对应，将教学活动与评价活动统一，将活动反馈与评价结果对应，促进学生学习过程的有效性。学习任务单是一种有效的进行过程性评价的方式。学习目标可以通过学生学习过程中使用的任务单进行评测，任务单的内容要评价学习过程中的语言知识和技能的表现，同时也要评价学习态度、学习习惯的表现。（图5-1）

第五章 小学英语校本课程评价：评价反馈

 Plants-预习任务单

今天我们将进行英语主题——Plants的学习。请你按照下面步骤进行-课前预习活动：

一、播放视频，边看边思考这个视频的主要内容是什么？
What's the video about?

二、再次播放视频，记录下视频中所提出的植物的各个部位名称。
What's the English for the different parts of plants?

三、请你尝试着将植物的各个部位名称标画在下面的图片中。
Can you try to write down the different parts names of plants?

四、再次播放视频，跟着一起唱一唱这首歌。
Try to sing the song with the video.

五、有关 Plants 你还想了解那些信息呢？
What else do you want to know about plants?

图5-1 Plants主题学习 预习任务单

表5-7 Plants主题学习 预习任务学生自评表

	很好	较好	待改进
我能按照评价任务单的步骤要求，独立完成预习任务。			
我能完成每个任务之后，认真检查，发现错误及时改正。			
我能正确认读单词，并标画在图中。			
我能跟着视频，较为熟练地演唱歌谣。			
我能积极思考，根据主题Plants提出感兴趣的问题。			

表5-8　Plants主题学习　预习任务教师评价表

	很好	较好	待改进
能按照评价任务单的步骤要求，完成所有预习任务，正确率高。			
能正确认读单词，并标画在图中。			
能积极思考，根据主题Plants提出感兴趣的问题。			
在课堂学习中，能熟练演唱歌曲。			
对Plants主题学习感兴趣，积极参与课堂活动。			

2. 设计表现性评价活动

（1）表现性评价具有以下特点：

它是对学习的直接测量。如，学生进行小组对话展示，教师可以根据展示的情况直接给出评价。

评价本身也是学习活动。学生完成任务、解决问题的过程和结果就体现了学生能力的发展。如，通过阅读环境保护相关语篇，提取关键信息，完成建议书的撰写。学生完成任务的情况，就真实体现了其学习情况。

既测量结果又评价过程。表现性评价中不但评价结果，更关注评价过程。如学生在进行故事阅读的过程中，使用了何种策略，远比回答了具体问题更重要。特别是对学生思维的形成，过程性的评估更重要，有多重评估作用。

如学生在进行小组任务活动时，不但能评估学生英语素养的发展，还可以观察到学生的合作、沟通技能等（余林，2007）。

（2）相关案例

a. 课堂教学中表现性评价活动设计——阅读活动案例

学习活动：通过小组合作的形式，绘制故事结构图，并结合结构图复述故事。

评价的内容：提取信息、绘制图表、观点表达、语音语调、合作意识

表5-9 阅读活动表现性评价表

等级	提取信息	绘制图表	观点表达	语音语调	合作意识
A.合格	能基本正确地提取相关信息。	能尝试绘制图表。	能基本正确表达信息。	基本正确表达。	能参与小组学习。
B.较好	能提取关键信息。	图表结构基本正确。	能正确地表达信息。	正确表达，比较流利。	能与他人合作。
C.出色	围绕核心信息，准确、完整地提取信息。	图表绘制美观、结构清晰。	围绕主要信息，表达清晰，语意连贯。	表达流畅，语调标准。	能积极合作并共同克服学习困难。

b. 表现性评价在学业展示中的设计——以英语低年级乐考活动为例

根据《前门小学英语课程标准（试行稿）》中的要求和低年级英语学习内容，以"English Party"为主题设计一、二年级的英语乐考活动。活动包括三个板块：I can say、I can read 和 I can write。结合学生学习内容，综合评价学生在听、说、读、看、写方面的表现。

表5-10 英语低年级乐考内容简介

板块题目	评价项目	评价内容和形式
I can say	听、说	师生交流常见话题
I can read	读、看	认读单词和句子 根据图片说单词
I can write	写字母或单词	仿写或者抄写单词和字母

在活动过程中，不但评价学生语言知识和技能的掌握情况，而且关注学生的学习习惯和兴趣，针对每个活动给出具体的评价量表。

具体内容：二年级 I can say

考查内容：学生能在主题图片的帮助下，与教师自然交流，并简单谈论图片的内容。

考查形式：学生从可爱的动物、我的一周、缤纷农场几个主题图片中，随机抽取一个图片，能在教师的引导下，听懂问题并正确回答。

样题：（图5-2）

2\. Ask and answer.

What animal is it?　　　　Is it big?

你能用几句话描述一下这个动物吗？

图5-2　二年级英语乐考I can say样题

评价标准：

3章（满分）：学生能够流利、准确地和教师交流，并能正确回答3个问题。

2章：学生能基本听懂并简单交流，至少正确回答2个问题。

1章：学生能在教师的提示下完成简单交流，能正确回答1个问题。

评价表：（图5-3）

图5-3　二年级英语乐考评价表

3. 设计多元的评价活动

（1）评价主体多元

学生自评和互评：学生进行自我评价可以帮助学生有意识地关注自己的学习状态，发现问题并进行积极的改进，是学生自主学习能力形成的基础。同学间的互评，要求学生要学习如何评价他人，这是对于学生客观公正评价他人的一种引导，不但提升了能力，更是一种价值观的渗透。

（2）评价标准多元

评价标准多元，指的不是降低标准，而是尊重学生差异，鼓励学生在自己原有基础上的进步。差异化教学理论中，设计弹性标准，在平均水平的基础上，给出基础标准和拓展水平标准，发现每个学生的进步。

（3）评价方法多元

a. 日常评价和学期评价相结合

日常评价主要观察学生课堂学习表现和作业完成情况。学期评价通过档案袋的方式记录学生一学期的成绩，同时给出学期末的测评成绩。

b. 校内校外评价结合

校内评价，更多的是关于学校学习的表现性评价，评价的主体是学生和老师。校外评价，更多的是课外延伸学习的评价，不但评价学生的学习情况，更体现了对于学生学习习惯养成的培养。校外评价学生的主体是学生和家长。

c. 多种评价方式相结合

除了常用的自评互评表、语言激励、纸笔测试等评价方式，还可以设计以下几种评价方式：

反思性自评：学生在学习结束后，对自己的学习态度、学习兴趣、学习策略等进行自我评价和反思，并提出改进意见。反思性自评的特点在于及时性，可以在每节课后进行，学生不一定要完成纸质的评价表，也可以进行小组内的表达或者记录在《英语学习规划》手册中。

真实性任务：教师设计真实性的任务活动，通过观察学生完成任务的过程和展示任务成果的方式来评价学生的学习表现和学习结果。

如：制作个人档案

在学生学习自我介绍这个话题之后，教师设计制作英文档案的任务活动，让学生将自己的爱好、性格、英文姓名、性别、年龄、电话号码、喜欢的颜色等信息用英文写出，并灵活设计个人档案的封皮和页面等。之后学生在课堂上展示并介绍自己的英文档案。最后完成一个游戏，一个学生说出信息，另一个孩子猜出这个孩子。这个活动通过制作个人档案来进行，完成任务的过程、成果都可以评价学生对这个主题的掌握情况。

第六章

小学英语校本课程成果:课程全貌

第一节 "Progress—成长"英语课程方案

一、课程目标

本课程以《义务教育阶段课程标准（2011版）》《高中英语课程标准（2020修订版）》为依据，以培育学生核心素养为目的，使学生通过英语课程学习，掌握丰富的英语语言知识、提高英语语言能力，形成良好的行为规范与责任意识、健康品质与审美情趣、文化自信与全球视野，产生浓厚的英语学习兴趣，主动探究、积极思考、学会学习。

本课程包括三领域的多元目标，即文化基础、自主发展、社会参与。

表6-1 "Progress—成长"英语课程目标

领域	A.文化基础	B.自主发展	C.社会参与
概述	会表达 善交流 乐分享	有兴趣 勤思考 爱探究	有自信 有责任 有视野
目标1	扎实的英语语言知识	浓厚的学习兴趣	行为规范与责任意识
目标2	熟练的英语语言技能	主动探究积极思考	健康品质与审美情趣
目标3	流利的语言交流能力	学会学习有方法	文化自信与全球视野

二、课程结构

"Progress—成长"英语课程分为基础课程、拓展课程、探究课程和贯通课程。其中，基础课程教材以北京版小学英语教材为主。拓展课程由学校课程开发小组根据学生学习需求和学校特色开发，包括学科拓展课程（促进学生语言能力提升——进阶阅读/进阶阅读与写作、进阶说唱、进阶视听）、活动拓展课程（包括学科实践活动和社团实践活动课程）、社会实践课程（前门课程、天坛课程），课程内容丰富，包括选修和必修，学生可以根据爱好和特长进行选择，其中社会实践课程依托学校的特色课程前门、天坛课程，与各学科合作开展，引导学生在实际的情境中应用英语解决问题。探究课程包括项目/主题探究课程，项目/主题式探究课程在四至六年级开设，由教师拟定可研究题目供学生参考，学生结合年级学习内容选择或者自拟研究主题，自由组成研究小组，教师作为指导老师进行指导。贯通课程（学生英语学习规划）采取成长档案的方式，教师指导学生制定学习目标、完成各门类课程的学习记录、自我评价并进行总结。

三、课程设置

我校英语课程设置体现了多层次、多样性、综合性、实践性和探究性的原则。将语言知识的学习、语言能力的提升融入基于主题的学习中，既注重巩固学生语言基础和发展学生语言能力，同时又关注学生的思维发展、自主探究能力和文化品格的形成。

表6-2 "Progress—成长"英语课程设置

年级	基础课程	拓展课程					探究课程	贯通课程
		学科拓展		活动拓展		社会实践	项目/主题探究	
	必修	必修	选修	必修	选修	必修	选修	必修
一	国家课程校本化实施	进阶阅读	进阶说唱、视听	主题式学科实践活动（我们的地球、我们的祖国、节日万花筒等）	社团类：戏剧团、记者站、合唱团、广播站	前门课程 天坛课程	—	英语学习规划
二		进阶阅读	进阶说唱、视听				—	
三		进阶阅读	进阶说唱、视听				—	
四		进阶阅读与写作	进阶视听				学生自拟	
五		进阶阅读与写作	进阶视听				学生自拟	
六		进阶阅读与写作	进阶视听				学生自拟	

第二节 "Progress—成长"英语课程标准

一、课程标准框架

依据《义务教育小学英语课程标准（2011版）》《高中英语课程标准（2020修订版）》，参考王蔷教授团队的《小学英语课程整体创新实践与探索》（王蔷等，2012）成果，根据前门小学学生英语学习需求和学习现状制定本标准。

本课程标准规定了"Progress—成长"英语课程的学习主题、语言知识、语言技能、文化意识和学习能力（学习策略、思维品质、跨学科学习能力）、情感态度五个方面。本标准按照小学六个年级分别描述，其中"*"号内容要求较高，这些内容在当前年级为渗透学习内容，下一个年级为必学内容。标准中的学习主题和情感态度是贯穿整个小学学习过程的，不做分级表述，只做整体概述。

（一）课程标准内容框架

表6-3 "Progress—成长"英语课程标准内容框架

项目	内容	概述
学习主题	人与自我 人与社会 人与自然	主题为语言学习提供主题范围或主题语境（教育部，2020）。人与自我包括"生活与学习""做人与做事"，人与社会包括"社会服务与人际沟通""文学、艺术与体育""历史、社会与文化""科学与技术"，人与自然包括"自然生态""环境保护""灾害防范""宇宙探索"等内容。
语言能力	理解性技能 表达性技能	语言技能包括听、说、读、看、写等方面的技能。听、读、看是理解技能，说和写是表达性技能。理解性技能和表达性技能在语言学习过程中相辅相成、相互促进（教育部，2020）。
文化意识	文化知识与文化理解、跨文化交际意识与能力	文化知识包括英语国家的历史地理、风土人情、传统习俗、生活方式、文学艺术、行为规范和价值观念等。标准中列出了学生需要通过各种学习掌握的相关知识，同时基于主题培养学生的跨文化交际意识与能力。

续表

项目	内容	概述
学习能力	学习策略（元认知策略、认知策略、交际策略）、思维品质跨学科学习能力	学习策略指学生为了有效学习和发展的各种行动和步骤。本标准主要列出了各年级需要重点培养的元认知策略、认知策略和交际策略。 思维品质指学生分析和解决问题的基本技能，包括联想、归类、对比和比较、推断、预测、归纳等。 跨学科学习能力指学生能够借助英语语言工具去学习其他领域或者学科的知识，此部分能力的培养帮助学生基于学习主题，运用英语语言去检索、归纳、分类，从而展开探究性学习。
情感态度	整体描述	情感与态度是指影响学生主动学习和发展的兴趣、动机、自信、意志和合作精神等，以及在学习过程中形成的祖国意识和国际视野。

（二）学习主题和情感态度内容标准

1.学习主题

学习主题依据《高中英语义务教育标准（2020修订版）》中的主题语境的分类和子主题，依据《义务教育英语课程标准（2011版）》中关于话题部分的建议，结合英语课程学习内容（重点参考基础课程中的学习主题）制定。

表6-4　"Progress—成长"英语课程学习主题

学习主题	主题群	主题语境内容要求
人与自我	生活与学习 做人与做事	个人、家庭、社区及学校生活 健康的生活方式、积极的生活态度 认识自我，丰富自我，完善自我 乐于学习、善于学习 语言学习的规律和方法 正确的人生态度，公民义务与责任 未来职业，理想与规划
人与社会	社会服务与人际沟通 文学、艺术与体育 历史、社会与文化 科学与技术	良好的人际关系与社会交往 跨文化沟通、包容与合作 故事、科普读物、诗歌等 重要体育活动、体育精神 音乐与舞蹈、电影与戏剧 不同国家、民族的文化习俗与传统节日 旅游与交通科技发展、社会进步与人类文明

续表

人与 自然	自然生态 环境保护 灾害防范 宇宙探索	世界主要国家的风土人情、地形地貌 自然环境、自然资源、自然气候 人与环境、人与动植物、保护自然 地球与宇宙 自然灾害与防范、安全与自护

2. 情感态度

情感态度指的是兴趣、动机、自信、意志和合作精神等影响学生学习过程和学习效果的因素，以及在学习过程中形成的民族自豪感、祖国意识和跨文化包容的精神。

表6-5 "Progress—成长"英语课程情感态度标准

	标准描述
情感 态度	有明确的学习目标，积极进行语言交流。 有浓厚的学习兴趣，乐于参与各种实践活动。 正确认识自身学习情况，努力提高英语语言能力。 积极思考，大胆提问，敢于表达。 能在小组活动中与他人合作，相互帮助，共同完成学习任务。 遇到困难，能积极寻求帮助，解决问题。 乐于学习外国文化，乐于用英语介绍中国文化。

二、各年级教学标准

表6-6 "Progress—成长"英语课程一年级教学标准

	一年级英语教学标准（试行稿）
语言知识	（1）26个字母的名称，大小写书写形式，字母顺序； （2）描述或谈论自己、家庭成员、学校、常见颜色、数量等的基本词汇及表达法； （3）基本的课堂指令：如stand up, sit down, put up your hands； （4）用于指示人或物的句型，如This is ... ,It's a book； （5）描述他人动作的表达法，如swim, run； （6）介绍他人的表达法，如This is Mary. This is my father； （7）表达个人喜好的表达法，如I like ...； （8）表示问候、告别、感谢、致歉的日常交际用语； （9）感知名词的单复数概念。

续表

一年级英语教学标准（试行稿）		
语言技能	理解技能——听、看： （1）能根据听到的词语、句子或对话识别或指认图片或实物； （2）能听懂简单的课堂指令做出反应； （3）能在图片和动作提示下，听懂简单的英语小故事、歌曲歌谣并做出反应； （4）能根据课堂指令做事情，如指认图片、涂颜色、画图画、做动作、做手工等； （5）能看懂简短的英语小动画。（每周40分钟） 理解技能——读： （1）喜欢与老师一起读故事； （2）能认读26个字母，60个左右单词和10个习惯用语； （3）能借助图片，读懂简单的句式重复性较强的配图小故事； （4）初步了解英文印刷品的知识，如封面、作者、封底； （5）能够按照页码的顺序进行阅读、指读等。 表达技能——说： （1）能回答老师的提问，能模仿录音说英语； （2）能和同伴完成简单的日常交流，如问候、告别、致谢等； （3）能用所学知识简单描述自己、家庭、朋友、颜色、数字、身体部位等； （4）能在教师的帮助下，尝试完成简单的口头表达，如描述图片的内容，介绍自己的作品； （5）能按要求用简单英语做游戏； （6）能在老师帮助下，表演故事片断，能尝试表演英文童谣（初步）。 表达技能——写： （1）能正确抄写26个英文字母大小写； （2）能借助图片，补全单词所缺字母。	
文化知识 文化意识	（1）知道英语中最简单的称谓语、问候语和告别语； （2）知道英语国家最常见的节日，如圣诞节。	
学习能力	学习策略 思维品质	（1）能在课上专心听讲，能注意倾听他人发言； （2）能对学习内容主动模仿、练习； （3）有问题向同学和老师请教； （4）和小组同学一起完成任务； （5）能借助图片和实物来获取文本信息、进行联想记忆； （6）能积极回答教师提出的问题。
	跨学科 学习能力	（1）能结合情境用英语数数； （2）能区分物体的颜色、数量； （3）能理解家庭成员的关系； （4）能初步具备说、唱、演、画、做手工的能力； （5）在教师的指导下尝试小组合作完成任务。

表6-7　"Progress—成长"英语课程 二年级教学标准

二年级英语教学标准（试行稿）	
语言知识	（1）26个字母在单词中的基本读音； （2）描述或谈论人物外貌、日常生活习惯、数量、动植物、身体部位、房屋、时间、月份、星期、衣物、季节、节日的词汇和表达法； （3）用于描述自己的情感的形容词和表达法，如I'm sad； （4）请求帮助、提供帮助、接受或委婉拒绝的交际用语； （5）名词的单复数概念及形式； （6）*动词第三人称单数用法； （7）形容词性代词的基本用法，如my, your, his, her...； （8）*一般现在时的基本用法。
语言技能	理解技能——听、看： （1）能听懂简短的两人对话（1~2话轮），理解主要信息； （2）能听懂课堂上教师发出的连续指令，并做出适当反应； （3）能在图片和动作提示下，听懂简单的英语小故事、歌曲歌谣并做出反应； （4）能识别疑问句、陈述句、祈使句不同句式的语调； （5）能够看懂程度相当的英语教学短片（每周不少于40分钟）。 理解技能——读： （1）喜欢阅读，有一定的阅读习惯； （2）能尝试运用语音知识拼读常见单词的发音； （3）能读懂60~70词左右，句式重复的配图小故事； （4）能看懂活动的书面要求或指令； （5）能认读400~450个单词和80~100个习惯用语； （6）累计阅读量达到2500词以上； （7）能正确朗读所学单词和语篇。 表达技能——说： （1）能对课堂提问给出正确的应答； （2）能模仿录音说英语； （3）能用所学语言描述或谈论人物外貌、日常生活习惯、数量、动植物、身体部位、房屋、时间、月份、星期、衣物、季节、节日等； （4）能在教师的帮助下，尝试用英语完成活动，如做游戏，讲述简单的英语小故事等； （5）能在语言交流活动中，做到语音基本正确，语调基本恰当； （6）能够小组合作表演故事或歌曲、歌谣（共计60~80首） （7）能在提示下给动画片配音。 表达技能——写： （1）能正确书写26个英文字母大小写； （2）能抄写单词，书写规范； （3）能够仿照例子写句； （4）能够模仿所学故事内容，编简单的配图小故事，每幅图写一句话。

续表

二年级英语教学标准（试行稿）			
文化知识 文化意识	（1）知道英语国家常见的饮料、食品； （2）知道英语国家最常见的节日，如圣诞节、感恩节； （3）*知道主要英语国家的首都，了解主要英语国家国旗； （4）用适当的方式表达请求、提供帮助、赞扬、接受帮助等。		
学习能力	学习策略 与 思维品质	（1）能借助图片或者实物联想记忆； （2）能对学习内容主动预习和复习； （3）能借助上下文猜测词义，推测和预测故事情节； （4）和小组同学一起完成任务； （5）课堂听讲认真，注意力集中，认真倾听； （6）在教师的指导下，对自己学习情况做出自我评价。	
	跨学科 学习能力	（1）能谈论人物的外貌、生活习惯等信息； （2）能够描述房屋的位置、特征等； （3）能了解常见的体育运动、西方国家的主要节日； （4）能初步建立时间观念，并描述不同时间的不同活动； （5）能做简单的调查问卷，尝试用图表统计展示数据； （6）能尝试进行绘画和手工创作； （7）能尝试编写小故事。	

表6–8 "Progress—成长"英语课程三年级教学标准

三年级英语教学标准（试行稿）	
语言知识	（1）元音字母在单词中的基本读音； （2）描述或谈论日常活动、季节、日期、出生年月、节日、形状、传统食物、常见职业等基本词汇和表达法； （3）表达个人意愿的表达法，I'd like to ...； （4）主要人称代词、物主代词的意义和用法； （5）表示能力的情态动词can/can't的意义和用法； （6）不定冠词a/an的意义和用法； （7）*祈使句的肯定和否定形式； （8）*特殊疑问句的形式、意义和基本用法； （9）名词的单复数的变化规律； （10）动词第三人称单数的用法和规律； （11）一般现在时和一般进行时的基本用法和规律。
语言技能	理解技能——听、看： （1）*能根据语调的变化尝试来理解人物的情感； （2）能听懂较为复杂的活动指令并做出相应的反应； （3）能在图片和动作提示下，听懂熟悉话题的对话（两个话轮及以上）和简短的语段，理解主要信息； （4）能听懂他人口头传递的信息并进行简短交流；

续表

三年级英语教学标准（试行稿）		
语言技能	（5）能听懂简短小故事或者语篇，并理解大意； （6）能看懂以一般现在时或者过去时为主的，语速稍慢的英语动画片，理解大意和细节信息。 理解技能——读： （1）良好的阅读习惯和积极的阅读兴趣； （2）运用语音知识拼读常见单词的发音； （3）能正确、流利、有语气地朗读所学故事或短文，尝试按照意群朗读； （4）能累计认读700~750个单词和120~150个习惯用语或固定搭配； （5）能读懂长度为70词左右的语篇或长度为100~200词的配图小故事； （6）能够初步使用工具书来查找意义。 （7）累计阅读量达到5000词以上。 表达技能——说： （1）能回答老师的提问；能模仿录音说英语； （2）能用英语提出建议、发出邀请，并礼貌地接受或拒绝； （3）能用所学英语描述或谈论日常活动、季节、日期、出生年月、节日、形状、传统食物、常见职业等； （4）能在教师的帮助下，尝试用英语完成各种学习活动，如复述故事等； （5）能在语言表达中，做到语音语调基本正确，尝试运用肢体语言辅助沟通； （6）能与他人合作表演简短的英语小剧； （7）能累计说唱歌曲、歌谣或韵文80~90首； （8）能说唱所学歌曲、歌谣，并能仿照例子进行改编。 表达技能——写： （1）能规范书写字母、单词和句子，在句子中尝试使用大小写字母； （2）能正确使用常见标点符号； （3）能根据要求，尝试编写有情节的英语小故事； （4）能够借助提示，写出卡片、留言条等简短的文段； （5）能根据阅读内容，写、画简单的结构图。	
文化知识 文化意识	（1）恰当使用英语中的称谓语、问候语和告别语； （2）对他人的赞扬、请求做出恰当的反应； （3）了解西方国家的饮食习俗； （4）了解西方国家的重要节日及节日习俗。	
学习能力	学习策略 与 思维品质	（1）能主动对自己的学习进行自评、反思自己的进步和问题； （2）能对学习内容主动模仿、练习； （3）有问题向同学和老师请教； （4）和小组同学一起完成任务； （5）能借助图片和实物来联想记忆； （6）能积极回答教师提出的问题。

第六章 小学英语校本课程成果：课程全貌

续表

		三年级英语教学标准（试行稿）
学习能力	跨学科学习能力	（1）能结合情境用英语数数； （2）能区分物体的颜色、数量，能描述物品的形状； （3）能介绍家庭成员的出生年月、关系、职业等信息； （4）能初步具备说、唱、演、画、做手工的能力； （5）在教师的指导下尝试小组合作完成任务。

表6-9 "Progress—成长"英语课程四年级教学标准

	四年级英语教学标准（试行稿）
语言知识	（1）常见的元音字母组合和辅音字母组合在单词中的发音； （2）描述或谈论感受、饮食运动爱好、喜爱的衣物、疾病、指路问路、过去的生活等基本词汇及表达法； （3）常用的词或词组some/any/a lot of /lots of 的用法； （4）常用的序数词和基数词的用法； （5）描述情感、态度、外貌特征等的词汇； （6）常用形容词和副词的比较级； （7）*可数名词和不可数名词的概念、区别和用法； （8）一般过去时和一般将来时的意义和基本用法。
语言技能	理解技能——听、看： （1）能在图片、图像等的帮助下，听懂熟悉话题的多轮对话（3~5话轮），理解大意和细节信息； （2）能听懂他人口头传递的信息并给出恰当的反馈，完成交际任务； （3）能听懂熟悉话题的对话或小语段，理解大意和细节信息； （4）能根据语调的变化理解人物情感变化； （5）能看懂熟悉话题的语速适中的英语动画片。 理解技能——读： （1）善于收集和整理各种英语阅读资料； （2）能正确、流利有语气地朗读所学故事和短文，按照意群朗读； （3）能累计认读800~1000个单词和160~180个习惯用语或固定搭配； （4）能读懂各种体裁的英语语篇或长度为200~300词的配图小故事； （5）能够有意识使用各种阅读策略进行阅读； （6）能够熟练使用各种工具书查找词义； （7）能够在小组中就阅读内容进行讨论； （8）累计阅读量应达到9000词以上。 表达技能——说： （1）能尝试复述或者讲述故事的主要情节； （2）能尝试表达自己的观点； （3）能用所学语言知识描述或谈论感受、饮食、运动、爱好、喜爱的衣物、疾病、指路问路、过去的生活等；

续表

四年级英语教学标准（试行稿）		
语言技能	（4）能用恰当的方式表达赞扬、请求，并对他人的赞扬和请求做出适当反应； （5）在小组活动中，能尝试用英语进行讨论、交流； （6）在口语表达活动中语音语调正确、语调达意； （7）能够说唱所学的歌曲、歌谣，并进行简单改变和表演； （8）能够说唱英语歌曲、歌谣、韵文累计90~120首。 表达技能——写： （1）能正确地使用常用标点符号，句子书写规范； （2）能写出语法基本正确的句子或语法错误少的短文； （3）能够根据图片、词语、例句或表格，写出简短的语段，句子达意，表达基本正确。 （4）能够围绕熟悉的主题，书写简短语篇，表达自己观点。	
文化知识 文化意识	（1）能够用恰当方式表达赞扬、请求等意义，并对别人的赞扬、请求做出适当回答； （2）能够了解英语国家最重要的传统文娱和体育活动； （3）能够了解英语国家的基本就餐礼仪； （4）能够了解英语国家的家庭成员的称呼习俗。	
学习能力	学习策略 与 思维品质	（1）能够采取联想、比较、在生活中用参照物等方式记忆单词； （2）能进行及时的预习和复习； （3）能在老师指导下，制订并完成自己的学习计划，包括时间、方法、提高的计划； （4）能借助符号、插图、语境猜测和理解生词的含义； （5）能在交流过程中，尽可能地促进交流进一步展开； （6）能把一个复合单词拆开理解含义； （7）能利用课外读物和网络资源，拓展学习、解决学习困难； （8）能用英语写日记、便条、信件等； （9）能积极主动尝试使用语言去进行生活中的交流和表达。
学习能力	跨学科 学习能力	（1）能从颜色、数量、形状等方面，对物体进行比较； （2）尝试利用思维导图或结构图进行整合、归纳或分类； （3）能尝试从多种渠道获得信息，借助工具书来学习； （4）能与他人合作共同表演英语剧； （5）能主动尝试使用各种合作策略和交往技巧完成各学科学习任务； （6）能够把在英语学习中的学习方法运用到其他学科学习中。

表6-10 "Progress—成长"英语课程五年级教学标准

五年级英语教学标准（试行稿）	
语言知识	（1）各种拼读规则； （2）常见的语音语调及其含义； （3）描述和谈论有关中国传统节日、国籍、喜欢的运动、旅行计划、正在做的事情、动植物、理想和假期计划的基本词汇和表达法； （4）常用的形容词和副词的比较级和最高级； （5）常见不规则动词的过去式； （6）常用形容词和副词的比较级； （7）可数名词和不可数名词的概念的区别和用法； （8）一般将来时的意义和基本用法，be going to do/will do。
语言技能	理解技能——听、看： （1）能听懂熟悉话题的多轮对话，听懂各种体裁的文本，理解大意和细节信息； （2）能听懂他人口头传递的信息并给出恰当的反馈，完成交际任务； （3）能听懂熟悉话题的对话或语段，理解大意和细节信息； （4）能清楚地表达自己的观点和看法； （5）能看懂熟悉话题的英语动画片。 理解技能——读： （1）能熟练运用工具书或信息渠道收集和整理各种英语阅读资料； （2）能正确、流利、有语气地朗读所学故事和短文，按照意群朗读； （3）能累计认读1000~1300个单词和180~220个习惯用语或固定搭配； （4）能读懂各种体裁的英语语篇或长度为300~600词的配图故事； （5）能够有意识使用各种阅读策略进行阅读，能够和他人就阅读内容进行讨论； （6）累计阅读量应达到13000词以上。 表达技能——说： （1）能尝试复述或者讲述故事的主要情节； （2）能恰当地运用相关词汇、表达法描述和谈论有关中国传统节日、国籍、喜欢的运动、旅行计划、正在做的事情、动植物、理想和假期计划等； （3）在小组活动中，能尝试用英语进行讨论、交流； （4）在口语表达活动中语音语调正确、语调达意、表达流畅； （5）能够说唱所学的歌曲、歌谣，并进行改编和表演； （6）能够说唱英语歌曲、歌谣、韵文累计120~160首。 表达技能——写： （1）能根据要求为图片、实物等配标题或文字描述； （2）能写出语法基本正确的句子或语法错误少的短文； （3）能够根据图片、词语、例句或表格，写出简短的语段，句子达意，表达基本正确； （4）能够围绕熟悉的主题，书写简短语篇，表达自己观点。

续表

五年级英语教学标准（试行稿）	
文化知识 文化意识	（1）能够了解英语国家的礼貌用语和手势； （2）能够了解英语国家的方位和标志性建筑、体育运动等； （3）能够了解中国传统节日习俗； （4）*能够了解英语国家的服饰文化。
学习能力 学习策略 与 思维品质	（1）能够根据自己的需要，灵活选用记忆单词； （2）能进行及时的预习和复习； （3）能独立制订并完成自己的学习计划，包括时间、方法、提高的计划； （4）能按照主题对知识进行整理、归纳； （5）能对自己语言表达中的错误进行纠正； （6）尝试发现英语的语言规律，用规律去理解和造句； （7）能利用课外读物和网络资源，拓展学习、解决学习困难； （8）能保持积极的学习态度和形成良好学习习惯。
跨学科 学习能力	（1）能够了解动植物各部分的作用以及动植物与人类生活的关系； （2）尝试利用思维导图或结构图进行整合、归纳或分类； （3）能尝试从多种渠道获得信息，借助工具书来学习； （4）能与他人合作共同表演英语剧； （5）能主动尝试使用各种合作策略和交往技巧完成各学科学习任务； （6）能够制作、完成、统计简单的调查问卷，尝试完成调查活动； （7）能够尝试完成一些简单的科学实验或者小发明，并尝试用英文记录过程、简述结果。

表6–11 "Progress—成长"英语课程六年级教学标准

六年级英语教学标准（试行稿）	
语言知识	（1）灵活运用各种拼读规则； （2）常见的语音语调及其含义； （3）描述和谈论有关假期生活、疾病和自护、出行方式、服装服饰、十二生肖、环境保护、气候变化、小学生活、畅想未来等的基本词汇和表达法； （4）关于评价的表达法：super, great等； （5）一般现在时、现在进行时、一般过去时、一般将来时的意义和基本结构； （6）描述个人擅长的活动的表达法be good at； （7）各种词类的意义和用法（名词、动词、形容词、数词、代词）； （8）一般疑问句、特殊疑问句、陈述句、祈使句的意义和用法。

续表

六年级英语教学标准（试行稿）	
语言技能	理解技能——听、看： （1）能听懂熟悉话题的多轮对话，听懂各种体裁的文本，理解大意和细节信息； （2）能听懂他人口头传递的信息并给出恰当的反馈，完成交际任务； （3）能听懂主题丰富的对话或语段，理解大意和细节信息； （4）能清楚表达自己的观点和看法； （5）能看懂主题丰富的英语动画片、英语教学节目。 理解技能——读： （1）能根据教师提供的阅读书目，自己选择阅读材料、制订阅读计划、进行归纳和总结； （2）能熟练运用工具书或信息渠道收集和整理各种英语阅读资料； （3）能正确、流利、有语气地朗读所学故事和短文，按照意群朗读； （4）能累计认读1600个左右单词和230个左右习惯用语或固定搭配； （5）能读懂各种体裁的英语语篇； （6）能够有意识使用各种阅读策略进行阅读； （7）能够和他人就阅读内容进行讨论； （8）累计阅读量应达到25000词以上。 表达技能——说： （1）能够运用收集到的各种资料进行展示活动，分享自己的成果； （2）能综合运用所学语言知识，比较流利地与他人进行交流； （3）能用所学语言知识谈论和描述有关假期生活、疾病和自护、出行方式、服装服饰、十二生肖、环境保护、气候变化、小学生活、畅想未来； （4）在小组活动中，能尝试用英语进行讨论、交流； （5）在口语表达活动中语音语调正确、语调达意、表达流畅； （6）能够说唱所学的歌曲、歌谣，并进行改编和表演； （7）能够说唱英语歌曲、歌谣、韵文累计160~200首。 表达技能——写： （1）能够模仿范例写电子邮件、短信等； （2）能写出语法基本正确的句子或语法错误少的短文； （3）能够根据图片、词语、例句或表格，写出简短的语段； （4）句子达意，表达基本正确； （5）能够熟练撰写常用应用文，包括通知、请柬、介绍等。	
文化知识 文化意识	（1）能够了解主要英语国家的地理位置、气候特点、历史风俗等； （2）能够了解中国和英国的生活方式的异同； （3）能够了解中国十二生肖的故事和寓意； （4）通过英语学习了解世界文化，产生爱国情怀。	
学习能力	学习策略与思维品质	（1）能够根据自己的需要，灵活选用记忆单词； （2）能进行及时的预习和复习； （3）能独立制订并完成自己的学习计划，包括确立学习目标、根据自身情况制订学习计划；

续表

		六年级英语教学标准（试行稿）
学习能力	学习策略与思维品质	（4）能够客观评价自己的学习情况效果； （5）能够在学习中，做好笔记，及时对所学内容进行整理和归纳； （6）乐于在实际交往中使用英语进行交流，注意对生活中使用英语的情况进行观察和学习； （7）能够阅读体裁丰富、内容多样，有一定长度的英文读物； （8）能够利用工具书、互联网等多种方式进行拓展学习； （9）能够尝试归纳、比较、推理、类比等多种方法进行思考； （10）能够在交往中尝试表达观点，针对别人的观点进行评价并提出建议。
	跨学科学习能力	（1）能够了解中国传统文化中的十二生肖故事，并尝试用英文进行介绍； （2）能够了解奥运会的历史和相关信息，并尝试用英文进行介绍； （3）能够了解人类的一些重点发明，并尝试用英文进行介绍； （4）能够了解中外历史上一些著名人物，并用英文介绍他们生平和贡献； （5）初步认识到人与自然、交通与安全、疾病与健康等主题的意义，并尝试用英文表达自己的观点； （6）能够根据自己的学习需要，灵活运用各种学习策略，进行独立探究学习； （7）能够阅读一些英文文学作品，并尝试进行文学创作。

第三节 "Progress—成长"课程纲要

进阶阅读与写作——Step by Step: Let's Read and write! 课程纲要

（1）课程目标——提高读写能力，发展思维品质

英文阅读是丰富学生生活经历、开阔视野、培养文化品格、发展思维品质、形成正确的情感态度价值观的重要途径。一定的阅读能力特别是自主阅读能力是学生终身学习。终身发展的必备能力，同时阅读也是促进学生写作能力提升

的重要途径。通过进阶阅读课程的设计，促进学生产生持久的阅读兴趣、掌握一定的阅读策略，促进学生边阅读边思考，边阅读边感悟；同时引导学生以读促写，引导学生通过续编结尾、仿写、扩写等活动，提高写作能力（闫萍，2018）。

（2）课程特点——丰富性、层级性和立体性的进阶阅读和写作课程

选用教育部审核通过的《领先阅读 X 计划》《大猫分级阅读》《丽声英语》《攀登英语》《牛津阅读树》《朗文妙语连篇》等多种分级读物作为阅读资源，共计1226篇故事，86个主题。

虽然引入的英语读物均为分级英语读物，但由于学生的阅读兴趣、阅读能力有一定的差异，我们又根据本校各年级学生的英语学习实际情况，参照王蔷教授和陈则航教授（2016）所编著的《中国中小学英语分级阅读标准》对分级读物里的书目进行再次分级，增加了每个级别阅读内容的跨度，如：将四年级学生阅读读物跨度设计为三、四、五级，学习基础较差的孩子从三级起步逐渐提高到四级，学有余力的学生则从四级开始阅读逐渐提升到五级水平。（图6-1）

分级	必读书目 《领先阅读X计划》4级 《大猫英语分级读物》4级	选读书目 《大猫英语分级读物》3级、5级		自读书目
三级		Rebecca at the Funfair		
		The Wind		
		Doing Nothing		
		Hands		
		The Helper Bird		
		It Was A Cold		
		Lights		
四级	The Race		What's Underground	
	Ant's Bug Adventure		Robots	
	Bug Hunt		Percy and the Badger	
	The Play Park		Top Dinosaurs	
	Robo-Rex		Blast Off to the Moon	
	Pet Play		The Steam Train	
	Let's Build a Rocket		The Lonely Penguin	
五级			I Want A Pet	
			Too Hot to Stop	
			The Magic Pen	
			Had a Bright Idea	
			Scary Hair	
			Spins. Stings and Teeth	
			Big Cat Babies	

图6-1　四年级"进阶阅读课"书单

　　进阶阅读课的学习以两套阅读读物为主读物，横向扩充阅读量，增加两套主题丰富、体裁多样的阅读材料作为选读的补充读物；纵向提升阅读难度，增加两套语言较为丰富、篇幅较长的读物作为提高读物。最终形成了以教育部课题"中国中小学生分级阅读标准的研制"实验教材《领先阅读X计划》和《大猫阅读》为中心的，以《丽声英语》《攀登英语》为支架的，以《牛津英语阅读树》《妙语短篇朗文学生系列读物》为延伸的进阶阅读课程内容体系。（图6-2）

（3）课程实施——多样化教学模式，促进学生阅读和写作能力螺旋上升

根据学生的学习特点、阅读水平、阅读文本体裁的不同以及不同的阅读需要，我们在进阶阅读课教学中主要采取了四种教学模式。

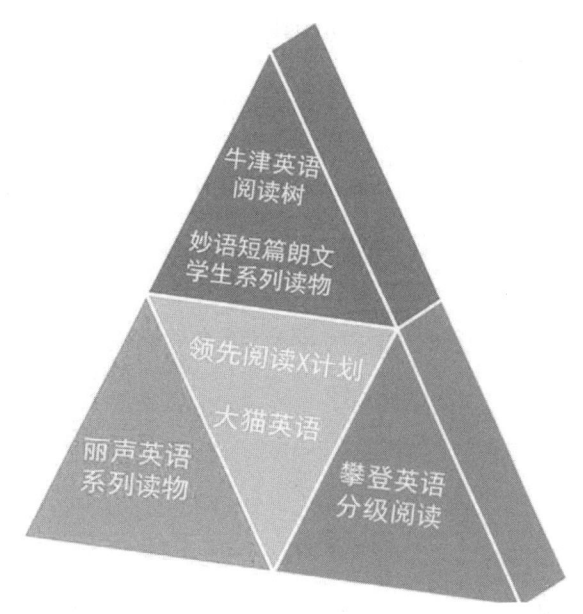

图6-2 "进阶阅读"课程内容体系

分享式阅读是学生和教师一起阅读的过程，是教师给学生做阅读示范的过程。在这一过程中，教师和学生通过问题进行有意义的交流，逐渐从以教师带着读过渡到学生自己能够读，最终达到能够和教师一起分享阅读乐趣的水平。

指导式阅读的过程旨在帮孩子从分享阅读阶段过渡到独立阅读阶段。在阅读中，教师把学生分成小组，在教师的指导下，相近水平的学生在小组内一起阅读，学习阅读策略和技巧，讨论阅读材料和回答问题。

拼图式阅读主要在中、高阶教学中的较长篇幅读物阅读中使用，持续式默读则用在课外阅读中，重在培养学生的阅读习惯。

分享式阅读模式

分享式阅读主要在进阶阅读初阶中使用，适应低年级学生学习特点和阅读能力。首先，教师准备即将阅读内容的主题图。教师呈现图片，通过问题引领学生观察图片，寻找信息，预测故事情节、推测故事的发展，通过这种图片环游学习故事的方式，孩子们形成了一定的观察图片、提取信息的意识和能力，在师生共同建构讲故事的过程中，孩子们初步形成了用英文思维的习惯，在回

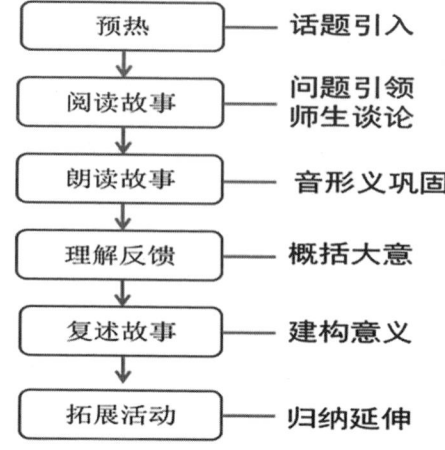

答问题和自己提出问题解答问题的过程中慢慢地掌握了一些阅读方法和技能。

在阅读课进行一年多以后的调查中，我们发现，孩子们的学习兴趣提高了，能根据题目猜测故事，能提出自己想知道的问题，能观察图片预测故事，能在阅读后自己给图片排序，能在阅读后表达对故事中人物的喜好。有些孩子还能够续编故事甚至是自编故事。（图6-3）

指导式阅读模式

指导阅读旨在帮助孩子从分享阅读阶段过渡到独立阅读阶段。多用于中阶和高阶教学，适用于中、高年级。指导阅读主要是将小组阅读引入教学过程中，教师将水平相近的孩子分成一组，每个孩子独立阅读后，讨论阅读材料和回答阅读问题，互助完成阅读活动。指导式阅读关键在于教师要进行有效的分组，在分组活动中注意每个小组的活动情况，根据学生情况反馈保证小组成员水平相当，保证小组活动时每个学生都可以参与，避免出现一个学生说、大家听的情况。

图6-3 分享式阅读教学过程示意图

由于指导式阅读是由分享式阅读到独立阅读的过渡阶段，所以教师常常先通过分享式阅读带着学生读一部分内容，为小组阅读做出示范，然后学生根据示范展开阅读。教师通常会设计问题框架，如：Where? When? Why? How? 让学生带着问题展开个人阅读和小组讨论。（图6-4）

Jigsaw阅读（拼图式阅读）模式

拼图式阅读主要在进阶阅读中

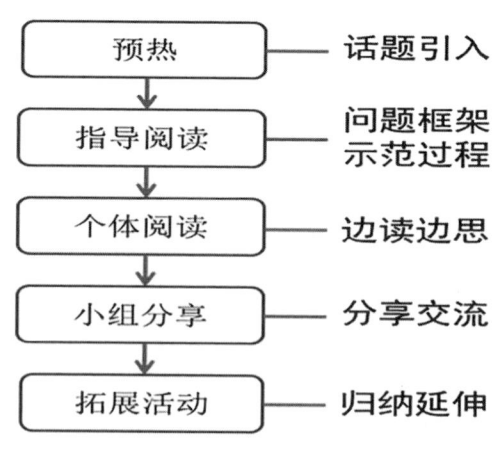

图6-4 指导式阅读教学过程示意图

阶和高阶教学中开展，适合中、高年级学生学习使用，同时在进行较长的百科类读物的阅读教学时，我们也常常采用拼图式的教学方法。

拼图式阅读模式是一种学生自主阅读、多次分组、分享提升的阅读学习模式。孩子们首先选择文本中的一部分内容形成一个阅读小组。学生观察图片、联系上下文读懂文本，提取信息进行个体阅读，然后小组交流补充合作阅读；之后第二次分组，对单个部分内容理解充分的孩子组成一个新的小组，每个孩子分享自己所学的那部分内容，其他的孩子聆听和提问。这样的阅读形式，既给了孩子们独立阅读的空间，同时相互分享和聆听又促进了学生运用语言能力的提高。（图6-5）

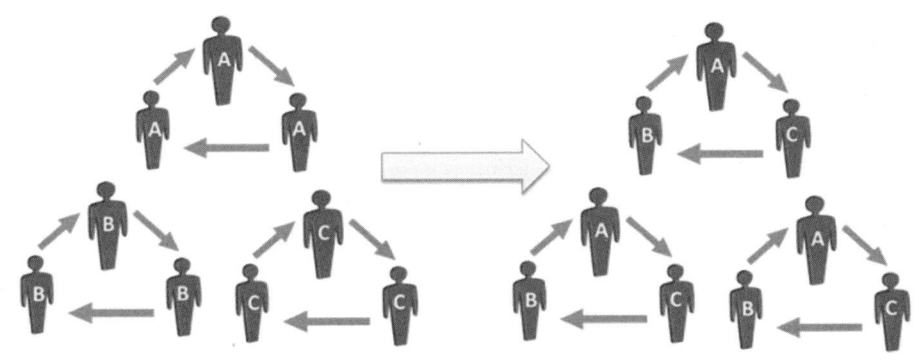

图6-5　拼图式阅读教学分组活动示意图

SSR 持续式阅读模式

SSR 持续式阅读模式多用于学生课余的英语阅读时间和家庭阅读时间。在 SSR 持续式阅读时间里，孩子们选择自己阅读书单中未读完的书或者在班级的阅读角中选择一本感兴趣的读物独立阅读。老师不做讲解、不打扰孩子的阅读，在孩子读的同时自己也进行阅读。阅读完成后，老师不要求学生完成过多阅读任务，只做简单的记录，有兴趣的同学可以进行阅读心得的记录，但教师不要求必须完成。通过 SSR 阅读的开展，很多孩子阅读的习惯被固化下来，他们在家中也展开了持续的有兴趣的阅读活动（闫萍，2018）。

b. 多样的读写结合活动设计

根据绘本内容，绘制故事结构图：

学生在教师的引导下，根据绘本故事内容，梳理故事思路，绘制思维导图（故事结构图），为进行概括性写作做好准备。

结合绘本阅读内容，进行概括性写作：

阅读后，教师通过问题引导学生结合绘本内容进行回顾。学生可以基于问题，概括性地复述故事。同时，教师也可以通过提供写作框架的形式帮助学生完成概括性的写作。

仿照绘本结构，学生进行故事创编：

阅读后，学生可以借助故事结构图和故事角色，自己设计主角、故事情节，仿照故事的结构进行自己故事内容的创编。

结合百科类读物，引导学生撰写摘要或者读物提纲：

百科类读物非常有利于帮助学生提炼关键结构，进行提纲写作的训练。每本读物阅读后，学生可以撰写提纲或者给不同内容写出小标题，或者给文本设计目录、完成每个部分的摘要撰写等。

（4）学习评价——多样性学习评价，促进读写素养全面提升

王蔷教授在《中国中小学生英语分级阅读标准》一书中提出了学生英语阅读素养的框架，主要包括阅读品格（阅读习惯和阅读体验）和阅读能力（解码能力、语言知识、阅读理解和文化意识）。同时，依据《前门小学英语课程标准》中各年级读写的具体内容，我们开发了多种形式的形成性评价工具，包括一课一评、一读一评、一月一评等。

a. 形式多样的读后活动

形式多样的读后活动是进阶阅读评价的重要方式。如：绘制文本结构图、进行大意摘抄、提出关于文本的几个问题并写出回答、续编或者创编新的故事。这些阅读活动聚焦学生语言知识和阅读能力水平的评价，重点反映学生语言知识的掌握、信息提取、策略运用和多元思维能力的发展。每节课后，教师都会根据阅读文本的不同，设计2—3种不一样的读后任务活动，学生可以根据自己的水平选择比较简单的摘抄类，或是相对难度较高的绘制故事地图等任务。每个学期结束，学生将所有完成的阅读任务装订成册，进行班级展示，每个同学都会根据正确、美观、任务有难度三个标准挑选出做得最好的同学。（图6-6）

第六章 小学英语校本课程成果：课程全貌

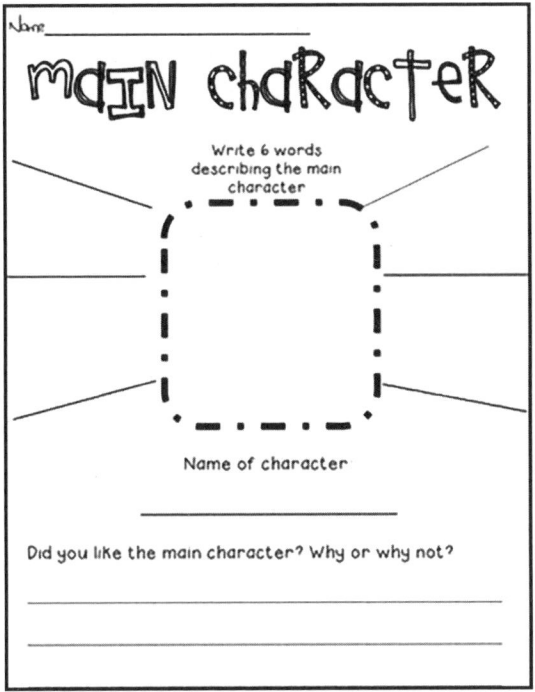

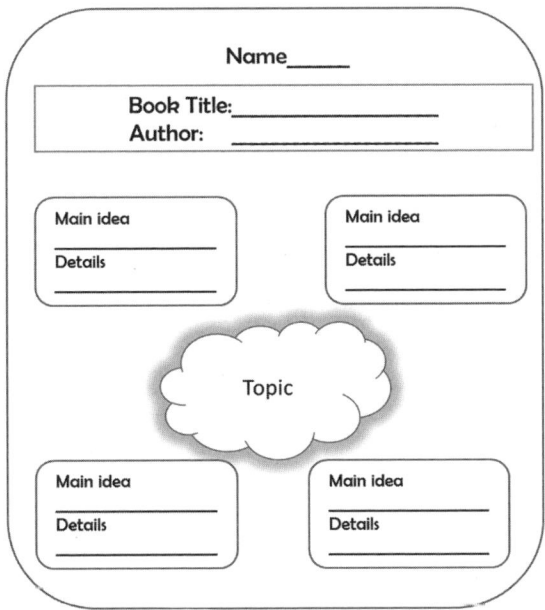

图6-6 《英语学习规划手册》——学生学习活动任务单

b. 阅读笔记

阅读笔记是学生进阶阅读过程中经常使用的学习工具，也是学生及时进行自评的方式。学生的《英语学习规划手册》中，设计有"我的阅读笔记"一项，每读完一篇英语读物，孩子都会对自己的阅读掌握情况、阅读兴趣和态度进行记录，记录的过程即是引导学生自我评价、反思改进的过程。（图6-7）

My Reading Notes

Name _____ Date _____

I understand this story. ☆☆☆☆ ☆☆☆ ☆
The story is interesting. ☆☆☆☆ ☆☆☆ ☆
I like this story because of
_____.
I don't like this story because of
_____.

图6-7　《英语学习规划手册》——我的阅读笔记

c. "进阶阅读"自我评价表

进阶阅读自我评价表主要评价学生阅读习惯和阅读体验、阅读理解能力、文化意识和解码能力。学生每月进行一次评价，真实记录和反思自己一个月以来的学习情况，教师引导学生将本月和上个月的评价进行对比，帮助学生发现自身的薄弱之处，指导学生尝试找出产生问题的原因，并做出积极改进。

表6-12 《英语学习规划手册》——"进阶阅读课"自我评价表

评价项目	评价内容	评价选项		
		☺☺☺	☺☺	☺
阅读习惯 阅读体验	我觉得英语阅读很有趣。			
	对我来说每天读英语故事很重要。			
	我每天都进行课外阅读。			
阅读理解 信息提取 策略	我能够观察封面和封底寻找关键信息。			
	我能够结合图片推测、预测故事的发展。			
	我能够和教师互动讲故事。			
文化意识 解码能力	我知道故事发生在哪个国家。			
	我能够有语气地朗读故事。			
	我能试着拼出没学过的单词。			

进阶说唱——Step by Step: Let's Chant! 课程纲要

（1）课程目标——形成良好语音语调，巩固语言结构

进阶说唱课程的开发可以激发学生持续学习英语和与人交流的愿望，可以帮助学生形成良好的语音语调，可以帮助学生巩固英语语言知识。说唱歌谣和韵文学习可以调动学生的听觉、动觉、视觉等多种智能参与英语学习，而且歌曲韵文的改编可以帮助学生重组新旧知识，促进学生语言能力的形成。进阶说唱所选用的英语国家的原版说唱内容，语言地道纯正，主题丰富多样，是学生感知语言、提升语言运用能力的有效途径。

（2）课程特点——内容丰富、语言地道的进阶说唱课程

课程研发团队依据《前门小学"Progress—成长"英语课程学习主题》目录，精选来自母语国家、涵盖所有主题的原版童谣和英语国家儿童的说唱教程，包括《牛津节拍英语》《鹅妈妈童谣》等资源，开发出的进阶说唱课程的学习内容。我们根据内容篇幅长短、功能结构的复现频率进行分级，精选了90首英文童谣和歌曲，供低、中、高年级的学生们进阶说唱课使用。童谣的内容涵盖了节日、日常生活等多个话题，语言结构复现率高，利于学生进行模仿和改编。

（3）课程实施——感知模仿，改编创编

在进阶说唱课中，我们采取如下的学习步骤：首先，教师引出童谣的话题，就话题与学生进行交流，渗透词汇和句型。然后，播放童谣动画，学生边看边初步感知。之后教师通过提问和学生交流童谣的关键内容，引导学生试着说一说。然后教师播放童谣，学生们试着说唱内容并自主创编动作表演。之后小组练习、展示。通常学习的最后一个环节，是改编，请学生们仿照例子改编童谣。

（4）学习评价——多种方式反馈，激励个体，鼓励合作

根据课程特点，进阶说唱的学习重在每个学生能够积极参与，大胆开口。学习评价重视对学生学习过程的持续激励。同时创编歌谣、分享展示又是交流学习的过程，因而评价也要鼓励学习者之间的交流与合作。因而，我们开发了激励学生学习参与、鼓励生生合作的评价工具。

① Step by Step 评价表

为了对学生的学习兴趣、课前准备、积极参加听说活动和小组学习活动等方面进行评价，奖励优秀或进步的学生小贴纸，我们设计了阶梯状评价表。随时对学生的参与情况进行评价，用小贴纸表示完成优秀，积累十次即可换得大贴纸，得到更突出的表扬。这种动态的评价，可激励学生保持持续学习状态。（图6-8）

② 进阶说唱形成性评价量表

依据《前门小学"Progress—成长"英语课程教学标准》，我们开发了进阶说唱形成性评价量表，重点从学习兴趣、语音语调、歌谣创编等角

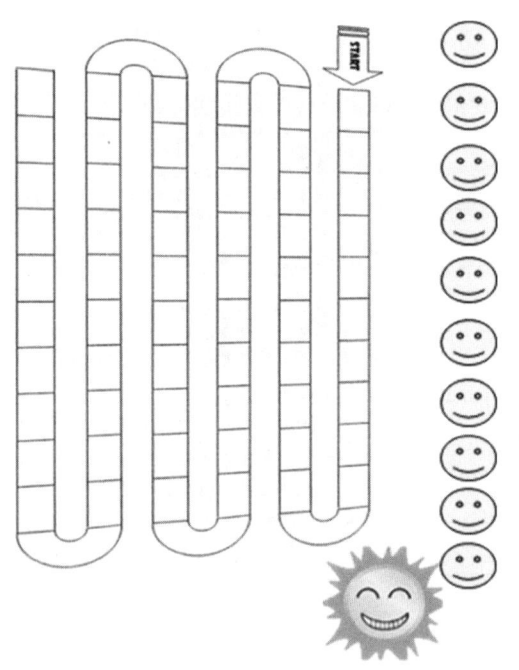

图6-8　Step by Step进阶说唱评价表

度进行自评、互评和师评，自评和互评在每节说唱小课结束后由学生个人和同桌合作完成。

第六章　小学英语校本课程成果：课程全貌

表6-13　进阶说唱形成性评价表

评价项目	评价内容	自评			互评	师评
	在进阶说唱课上，我获得的小贴纸数量_____	Try again	Not bad	Good		
学习兴趣	能认真倾听、积极参与学习。					
语音语调	能主动模仿，语音语调纯正、自然。					
改编创编	能模仿范例和同学改编或创编新童谣。					

进阶视听——Step by Step: Let's watch! 课程纲要

（1）课程目标——激发听说兴趣，提高获取信息能力

形式活泼、生动直观的英语学习视频资源是孩子们最喜欢的英语学习内容之一。英语视听资源可以给学生提供相对真实、完整的语言情景，有趣曲折的故事情节，极大激发了学生的听说兴趣。进阶视听内容选自英美国家的原版动画，语音地道纯正，词汇量有所扩充，语言表达形式丰富，难度有所提升，用于学生选修。

（2）课程特点——表达形式丰富，难度有所提升的进阶视听课程

课程研发团队依据《前门小学"Progress—成长"英语课程学习主题》目录，筛选了来自英语母语国家、涵盖所有主题的英美国家儿童常看的动画、英语经典童话等视听资源，最终形成了以《迪士尼神奇英语》《牛津节拍英语》《Pappa Pig》内容为主体的视听资源，由于主题覆盖面不够，又增加了中外节日和习俗视听资源作为补充的进阶视听学习资源。

（3）课程实施——"五步教学法"，由感知体验到理解表达

进阶视听是我校选修率很高的课，教师通常采取五步教学法展开教学活动。第一步，创设语境，导入新知。视听内容通常生词较多，教师创设语境、预教难词可以帮助学生克服视听困难。第二步，呈现视频，提取大意。整体播放视频，学生说出视频讲的主要内容。第三步，播放视频，关注细节。通过问题引领，让学生边看边提取信息，同时初步练习语言。第四步，梳理内容，尝试表达。教师带着学生梳理大意，学生尝试角色表达。第五步，练习巩固，拓展延伸。

小组表演片断，或者改编片断和结尾。

（4）学习评价——激励挑战，反馈提升

为了更好地反馈学生的学习效果，我们依据《前门小学"Progress—成长英语课程"教学标准》开发了进阶视听形成性评价量表，包括大胆展示、理解内容和语音语调三个项目。意在激励学生挑战难度较大的视频片段，鼓励学生提取信息，促进学生语言运用能力的提升。学生每节视听选修课结束后，都会进行自评、互评，对自己的课堂学习表现做出全面评价。

表6-14 进阶视听形成性评价表

项目	内容	自评	互评	师评
大胆展示	课上主动模仿，积极表演，积极参与			
理解内容	能够归纳大意，能够回答老师问题			
语音语调	语音语调自然，交流自然流畅			

成长戏剧社——English drama club 课程纲要

（1）课程目标——激发兴趣，注重体验中提升

成长戏剧社的核心词是"成长"，我们希望能通过参与戏剧改编和表演活动的任务活动，激发学生的英语学习兴趣，促进学生的语言、思维、动作、表达等方面的全面提升。

（2）课程特点——开发循环上升全过程体验的戏剧课程

成长戏剧社的学习内容不仅仅是舞台表演，内容从剧本改编及创作开始，之后是肢体训练最后才是表演。目的在于引导学生体验戏剧创作的全过程，促进语言能力的全面提升。成长戏剧社是由前门小学英语教师和卓美戏剧剧团的专业老师合作打造的，在两方老师的共同研讨下，我们确定将进阶阅读课中的英语绘本剧创作、改编和表演作为戏剧社的学习内容，促进课程的延展，采取选修形式进行。成长戏剧社的学生先后排演了"Scary Hair""The Magic Pen""Best Bird"等十余部英语绘本剧，以及"Snow White""Cinderella""Lion King""Dog In The Manger"等多部英语原版舞台剧目。

（3）课程实施——积极参与和自主体验

成长戏剧社学习活动突出学生的积极参与和自主体验，教师作为助力，随时引导和指导。由学生选择喜欢的绘本故事作为剧本创作原型，激发学生参与的兴趣；学生提取绘本要素（角色、背景、主题、情节等），促进学生对故事再梳理；学生小组合作讨论和编写剧本，促进学生读写能力的提升；排练过程学生尝试通过肢体动作表现剧情，强化学生对语言的理解。学习的全程注重引导学生体验与交流，合作与分享，促进学生语言运用能力的全面提升。

通常是按照如下步骤实施的。首先，由学生选择进阶阅读课中最喜欢的一个绘本故事作为剧本创作的原型。其次，在老师的指导下进行剧本的创作。第一步，读绘本，找出剧本要素：角色、时空背景、主题、情节。第二步，整合要素，设计剧本。最后进入排练环节，通常是热身、导入、肢体游戏、观察、讨论、合作创作后呈现一个绘本剧的雏形，然后多次打磨最终完成。

（4）学习评价——客观评价，促自我反思

每个孩子的听说读写各项智能发展并不均衡，在成长戏剧社的活动中，我们观察到有的孩子具备较为出色的读写能力，但是在表演和展示环节中常常出现怯场等现象，而有的孩子则善于表演，但是不善于读写。为了促进每个孩子客观认识自己，我们采取了评选最有进步成员的活动。每次活动结束，戏剧社的同学们都会利用形成性评价表对自己剧本改编、台词朗读、肢体表演三个项目的参与情况进行自评和互评，老师也会做出评价，根据评价结果不但选出本次活动最佳成员，更会引导学生与自己上一次评价情况做对比，选出最有进步成员，意在鼓励每个成员积极投入，做最棒的自己。

表6-15　成长戏剧社学生形成性评价表

项目	内容	评价		
		自评	互评	师评
剧本改编				
台词练习				
小剧表演				

学期末的汇报演出也是评价内容之一，每个学期结束，学校成长戏剧社会

为全校同学献上一台精彩的英语戏剧汇报演出活动。2016年12月，学校进行了八个英语剧目的汇报展演，得到了专家、家长和同学们的热议。

"天坛课程"课程纲要

1. 课程目标——运用语言、合作交流

"天坛课程"是前门小学多学科联动的主题式跨学科综合实践活动课程。天坛既是学生开展实践活动的场所，又是学生学习和研究的内容。课程的设计聚焦核心素养的培养，着力于培养学生运用语言工具素养、数学素养、科学素养、信息素养、学会学习和文化素养等；课程注重培养学生综合解决问题的意识和能力，使学生通过主题研究式的学习活动逐步掌握综合学习的方法，自觉调动各学科知识综合解决问题。

"天坛课程"之英语课程，重在培养学生运用英语语言工具认识事物、实地调查、合作交流、展示介绍的能力，重在激发学生爱国情怀，引导学生运用英语语言工具为外国友人介绍中国文化，重在培养学生的国际视野，促进学生在与外国人交流中发展文化理解和文化认同。

2. 课程特点——开发形式多样、实践体验的活动方式（图6-9）

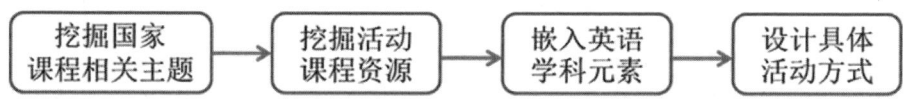

图6-9 "天坛课程"开发路径

首先挖掘英语学科国家课程中与天坛相关的内容和主题，课程研发团队将"Progress—成长"英语课程学习主题与天坛所能提供的课程资源（环境、人群、历史、活动等）进行了勾连，发现学生所学习的英语主题都能在天坛得以运用，如个人情况、家庭朋友和周围的人、周围的环境、日常的活动、人际交往、个人兴趣、节假日活动等。这些主题或者可以作为与人交流的话题，或者可以成为介绍展示的语言，或者又可以成为其他学科实践活动的良好支持。

其次对天坛课程资源的利用与开发，思考天坛能提供给学生什么样的英语学习体验。通过多次天坛实地观察和天坛资料的收集与整理，我们发现天坛拥有极为丰富的环境资源；天坛作为世界文化遗产还具有非常重要的研究价值，如天坛中的祈年殿、回音壁、圆丘里的科学现象；天坛公园世界各地的游客云集，是学生与外国友人进行英语语言交流的极佳场所。

再次，思考英语学科和天坛课程的结合点。课程团队梳理出了一些要点，如：阅读英文解说词，通过英语阅读了解天坛文化。为天坛公园里的众多古树设计英文介绍，帮助外国友人了解天坛植物。绘制天坛景点英文简图，为众多游客指路。如在天坛公园就节日、环保等主题与外国友人交流，调查和了解他国的情况。又如介绍天坛历史和北京风貌。

最后，围绕着英语学科元素，设计具体的活动方式。如，了解天坛祈年殿、回音壁景点信息，可以让学生实地阅读导游词，记录关键信息，然后小组合作完成关于景点的简短英文介绍。在小导游活动中，可以先采取小导游模拟的方式进行练习，教师扮演外国友人，帮助学生提高解说的自信和水平。在小导游解说中，让学生小组合作完成，以避免由于一个学生过于紧张或者遇到语言困难无法继续进行交流的现象。

3.学习评价——多元评价，促素养提升

由于天坛课程是活动类课程，我们更加重视学生在活动课程中的真实获得，所以常常采取活动过程形成性评价表、活动作品展示或汇报多种方式进行。在形成性评价时既关注学生在过程中英语运用的情况，又关注学生的有秩序、学生的小组合作、学生的文明礼仪等内容。我们会根据不同的活动主题和方式设计具体的评价表。同时，评价的主体不但包括学生、教师、同伴，更包括外国友人、工作人员等。（图6-10）

		Let's learn 实地学习	Let's play 趣味竞赛	Let's practice 小组练习	Let's do 英文小导游
自评	积极参与	☆☆☆	☆☆☆	☆☆☆	☆☆☆
	沟通顺畅	☆☆☆	☆☆☆	☆☆☆	☆☆☆
	安全有序	☆☆☆	☆☆☆	☆☆☆	☆☆☆
互评	积极参与	☆☆☆	☆☆☆	☆☆☆	☆☆☆
	沟通顺畅	☆☆☆	☆☆☆	☆☆☆	☆☆☆
	安全有序	☆☆☆	☆☆☆	☆☆☆	☆☆☆
教师评价	积极参与	☆☆☆	☆☆☆	☆☆☆	☆☆☆
	沟通顺畅	☆☆☆	☆☆☆	☆☆☆	☆☆☆
	安全有序	☆☆☆	☆☆☆	☆☆☆	☆☆☆
游客评价					

图6-10　六年级"天坛课程"学习活动形成性评价表

参与教师和学生可以根据每个学生参与积极性、口语流利程度、是否注意安全活动等随机发放笑脸，获得笑脸多的小组最终获得奖励。孩子以小组为单位为自己的景区代言：可以为景区制作景点海报或者PPT、设计广告语或介绍词，将自己学习的收获通过直观的方式呈现。

天坛课程的设计为学生真正创设了使用语言的机会，使学生的英语语言学习不再是课堂上的纸上谈兵，真正成为了生活中可以与他人进行交流的工具；课程的设计大大地激发了学生学习英语的兴趣。虽然对于学生来说用英语进行天坛的介绍有一定难度，但是在主题式的跨学科实践中，学生能调动各学科的知识背景进行理解和研究，有效地突破了学习的难点。有关天坛的介绍所用到的专业词汇较难，但是基于任务式的活动设计中，孩子克服畏难情绪主动突破词汇的难点，不但提高了兴趣，还增强了学生英语学习的成就感；学生自主选择、自由结组、亲自体验的课程活动学习形式，给了学生克服学习困难的助力；课程的设计使学生认识到学习英语不仅可以了解英美文化，而且可以用来弘扬中国文化，有利于增强学生的民族自豪感和爱国精神。

贯通课程——英语学习规划 My English Study Guide 课程纲要

1. 课程目标——促进学生反思评价

英语学习规划，既是活动课程的必修内容，又是贯穿学生学习过程的规划和评价手段，是促进学生发展自主学习能力和自我教育能力的有效保证。"Progress—成长"英语课程框架中的所有课程，包括国家课程和校本课程评价都包含在英语学习规划手册中，可以说英语学习规划手册把较为隐性的评价标准显性化，促进学生认识自我，了解自己的学习情况，并关注学习全程中自己的表现，及时地反思和改进。

2. 课程实施——重在过程和分享

开学初，每个同学都会收到一本英语学习规划手册。手册中包括孩子们的自我介绍，英语学习调查问卷，本学期英语选课和评价表，每一门校本课程的评价页，最后还有孩子们本学期的学习小结。孩子们在参与英语课程时每天根据学习情况进行即时的自我评价，每月一次的校本课，老师们会带学生一起总结自己在这一个月的学习情况，并请同学们互相提出改进的建议。

3. 学习评价——隐性评价显性化

英语学习规划是一种评价，亦是一种学习。学生在学习过程中的各种自评与他评都是本课程的学习资源。学生通过《英语学习规划手册》完成情况及英语课程整体学习情况，在自我规划、自我评价的循环过程中不断提升。（6-11）

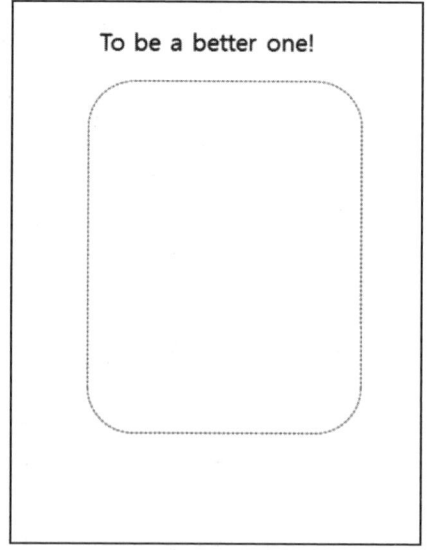

图6-11 四年级英语学习规划手册（节选）

第七章

小学英语校本课程成果：实施效果

第一节　学生的变化

到目前为止，通过近五年的实践探索，"Progress—成长"英语课程体系按照课程规划已经实现了课程的全部开发，并在课程实施与评价过程中取得一定的经验，特别是学生学习反馈为我们及时地进行问题诊断、完善课程提供了依据，便于我们在实践中及时矫正。

前门小学"Progress—成长"英语课程已经实施了四年多，学生在学习兴趣、语言能力、学习能力、思维品质和文化品格等方面都取得了较为显著的进步。

一、学生的英语学习兴趣大大提高，对英语学习表现出较为积极的学习态度

通过对学生、家长和教师的调查和访谈，我们看到孩子们能一直保持浓厚的英语学习兴趣、积极的学习态度、良好的学习动机和较强的自信心。很多学生能大胆开口说英语，能积极与他人交流，能主动地参与到课堂学习中。在学期末访谈中，我们看到了很多令人欣喜的反馈。四（2）班小Z说："老师，我特别喜欢上英语阅读课，特别喜欢的是X计划里孩子们拥有可以变小的手表，当孩子们变小了之后，世界变得太奇妙了。虽然还有不会的词，但我一定要加油，多积累词汇，这样才能读更多更有趣的故事。"二（2）班小L说："老师，我在春节给爸爸妈妈朗读了一个故事，还表演了我自己编的童谣，大家都夸我太棒了。"六（3）班小F说："这学期的天坛课程，我采访了好多外国朋友，他们不但夸我语言棒，还写了很多鼓励的话给我，真是太棒了，我觉得自己的英语水平又提高了！"还有很多这样的表达，我们欣喜于孩子的自信和成长。

第七章 小学英语校本课程成果：实施效果

图7-1 SSR阅读时间——让我静静读

图7-2 Jigsaw Reading——我们的阅读小组活动

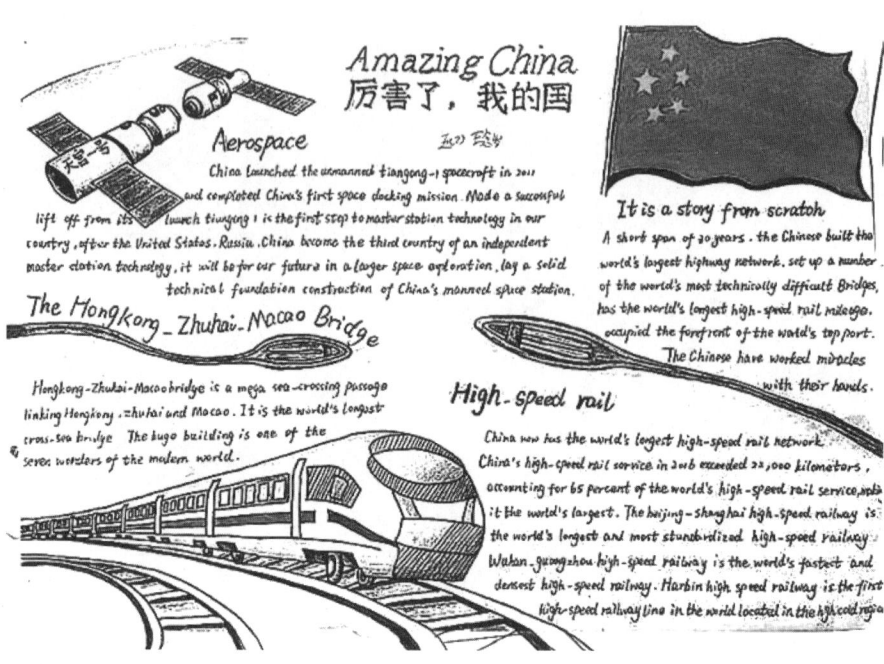

图7-3　Amazing China主题海报

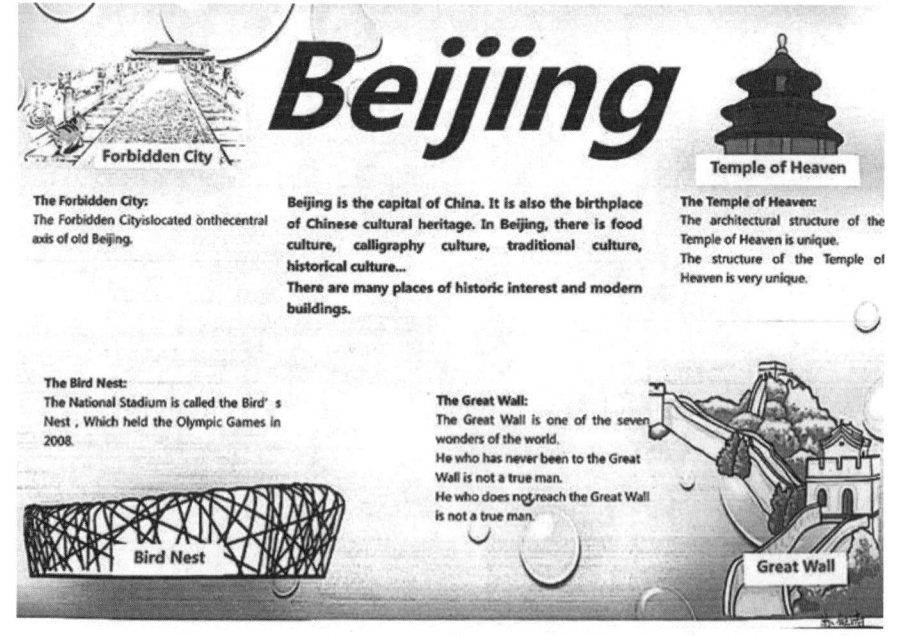

图7-4　Beijing主题海报

第七章 小学英语校本课程成果：实施效果

二、学生的英语听说读写技能得到了一定的发展，特别是说的技能和阅读技能提高显著

（一）说的能力显著提升

我们在每学期末各年级的英语口语测试中，引入了剑桥口语测试评分标准，对学生的听力与互动性、反馈的及时性和信息的广度、语法与词汇、语音进行了追踪记录。以下是对二（1）班学生进行的四个学期的追踪记录，数据反映的是这个班学生每学期末口语测试达到标准的学生百分比数。

表7-1 二（1）班学生口语测试情况追踪表

项目	指标	测试达标百分比			
		1	2	3	4
听力与互动	理解提问并能做出正确的回应。	50%	57%	80%	90%
反馈及时性	能迅速给出回答。	45%	52%	75%	85%
语法与词汇	能理解问题中的语法现象。	40%	50%	70%	85%
	能基本正确使用语法规则表达。	42%	52%	70%	75%
	能正确使用词汇表达。	60%	65%	85%	90%
语音规范	发音基本正确。	55%	60%	80%	95%
	语调自然。	35%	55%	80%	90%

通过数据分析可以看到，学生听力与互动、反馈及时性以及语言规范性有较为显著的提高，语法与词汇一项中的"能基本正确使用语法规则来表达"一项增长较为缓慢，这与学生处于从形象思维到抽象思维的发展阶段有关，需要在今后的教学中重点关注此方面能力的培养。

（二）阅读能力显著提高

我们还利用外研社提供的分级阅读测试平台对学生进行阅读能力的追踪，以下是四（1）学生四个学期期末测试的成绩记录，数据反映的是这个班学生分级阅读测试达到的等级。我们能看到，孩子们所达到的阅读水平等级呈明显上升的趋势，有的孩子初次测试等级为2，到第四次测试等级跃升到15，可见通过进阶阅读课程的开展，促进了学生的个体阅读能力的提高。最后一次测试成绩，

全班学生的等级均高于 10 级，班级学生的阅读能力整体提升，学生的阅读水平发展均衡，这与进阶阅读课多采用小组合作形式，课外设计持续式默读时间培养学生阅读习惯有直接关联，可见进阶阅读课程的实施颇有成效。

姓名	账号	性别	群组	测试1	测试2	测试3	测试4
柴	203040101	1	前门小学四年级	2	2	5	10
陈	203040102	0	前门小学四年级	3	6	7	13
陈	203040103	1	前门小学四年级	3	6	7	12
陈	203040104	0	前门小学四年级	5	7	7	12
陈	203040105	0	前门小学四年级	2	5	8	13
楚	203040106	1	前门小学四年级	6	6	9	14
江	203040107	1	前门小学四年级	6	6	7	11
金	203040108	0	前门小学四年级	3	8	8	13
李	203040109	1	前门小学四年级	6	9	10	14
李	203040110	0	前门小学四年级	2	6	7	12
李	203040111	0	前门小学四年级	3	6	8	15
林	203040112	0	前门小学四年级	6	9	9	16
陆	203040113	1	前门小学四年级	3	6	7	11
牛	203040114	0	前门小学四年级	3	6	8	14
桑	203040115	1	前门小学四年级	7	8	9	13
苏	203040116	0	前门小学四年级	3	8	8	13
汤	203040117	1	前门小学四年级	2	4	7	12
王	203040118	0	前门小学四年级	7	7	8	15
王	203040119	1	前门小学四年级	3	6	8	16

注：测试数值统计中编码1=男生，编码0=女生

图7-5 四（1）班英语阅读测试成绩追踪

图7-6 Tec and the Hole 创编小故事

图7-7　同学们在班级阅读角自主阅读

三、学生的自主意识和自主能力得到提升

有意识的自我学习规划规范了学生的学习行为的全过程，及时进行学习评价促进了学生的自我意识和自我反思能力的提升。积极使用学习策略促进了学生自主学习能力的提升，如：孩子能够通过主题归类的方式将单词进行归纳记忆，能利用故事图的方式提取文本信息绘制结构图，能够积极与他人合作共同完成任务，能够在活动实践课中运用英语交流和解决问题。

四、学生在比赛和展示中取得了优异成绩

我们也欣喜地看到，学生在参与各类英语展示活动中的出色表现。前门小学英语小剧汇演活动已经成功举办了三届，2017年我们更是排演了八个原创绘本剧并进行了公演，得到了与会领导和家长的盛赞。我校学生参演的英语经典剧目《灰姑娘》获得了北京市小学英语戏剧汇演一等奖和最佳女主角两项荣誉。我校学生先后参与中央电视台"希望之星"英语大赛、外研社"金书签"等多

项英语竞赛，多次获得一、二等奖的好成绩。我校学生先后参与赴美、澳、英、德等多国学生交流活动，孩子们流利的口语得到了外国友人的表扬。得益于进阶阅读课程的开展，孩子们不但读故事、演故事，还编写和制作小小英语故事书，孩子们的奇思妙想和生动语言，得到了北师大教育部课题专家的好评。我们的英语校本课程，不但培养运用英语能力强的孩子，更培养热爱生活、积极向上、思维活跃、视野开阔的孩子。

第二节　教师的成长

在整个课程实施的过程中，课程研发团队的每一名教师的课程意识、教学观念和专业水平也在逐渐提升。

一、教师的教学观念发生了转变

通过教师访谈和教师自己的反思，我们可以看到教师对以"学生发展为中心"的课程理念的理解在逐渐加深。实验教师从只关注自己教，到更加关注学生学。教师开始有意识地从学生的生活经验和学习兴趣出发，设计各种利于学生感知、参与和体验的活动。

图7-8　参加全国阅读教学学术研讨会

北师大专家们在下校指导时经常亲切地与老师进行互动，让我更深入地了解了英语阅读教学。马欣老师在JIGSAW阅读方式上给予的指导，使我认识到这种阅读方式在克服学生英语阅读的畏难情绪、激发学习热情、提高阅读能力等方面的积极作用，以及如何在课堂中有效开展；孙琳老师的指导，使我了解了进行科普读物阅读教学时如何借助阅读材料发展学生思维；陈则航老师针对阅读教学中对于学生批判性思维的发展，让我对如何提问有了新的思考；罗少茜老师建议的有效教学过程设计的框架，促使我理性思考教学活动，清晰建构教学过程。专家们一次次的指导，使我对小学英语阅读教学有了新的认识。（前门小学英语教师　王悦）

二、教师的教学设计更加灵活多样

伴随着"Progress—成长英语课程"的实施过程，课程团队借助教育部课题的培训资源参加了多种形式的培训活动，教师们也在自己的教学中加以实践。经过不断的培训和实践的过程，我们发现教师们的教学设计更加灵活，思路不断地扩展。老师们逐渐意识到培养学生的学习策略、思维品质、文化品格的重要；教师们在教学活动中尝试了多种教学方法；教师们更加关注创设语言交流情景，给学生提供观察、联想、推理等思维发展的空间。教师们在反思中谈道："在同事的备课研讨教材的过程中，我们发现故事情节简单生动，学生容易理解；故事语言规律性很强，利于学生模仿。但是如何引导学生就故事情节进行丰富的表达，结合自己的经验说一说自己生活中的趣事就十分困难。通过反复的研讨，我终于确定了在课堂上，以鼓励学生理解情节体验语言为主，引导学生初步结合自己的生活进行简单地表述，如果低年级的学生口头表述有困难，就用画画的方式呈现。"（前门小学英语教师　王蕾）

图7-9　阅读教学研讨活动

三、教师的评价观念更新

通过参与"Progress—成长"英语课程的研究,老师们的评价意识不断增强,评价手段也更加多样。从课堂观察、老师的反思和访谈中我们看到,老师更加注重形成性评价,同时更加注重学生的自我评价。特别是在使用《英语学习规划手册》的过程中,老师们创造性地开发了不同形式的评价量表,使学生学会对自己的学习过程进行及时的反思。同时,老师们也能更好地利用评价手段,不再把评价等同于教学测试,而把它当作激励学生进一步提高和自我反思的有效手段。

图7-10 英语团队日常教学研讨活动

第七章 小学英语校本课程成果：实施效果

在学校英语课程开发和建设的过程中，我校逐渐形成了强大的英语教师课程开发团队，教师课程开发能力和教学水平同步提高。我校英语教师获得北京市教师基本大赛小学组的一等奖，北京市教学设计评比小学英语学科一等奖，北京市基础教育科研论文评比一等奖。我校目前有1名市级骨干教师，2名区级学科带头人，3名区学科兼职教研员，5名校级骨干教师。我校英语组承担了教育部重点课题的子课题，成为课题组核心校，英语组还成功申报北京市和东城区的两项课题，同时还参与了市级课题三项。仅近一个学年，我校英语教师就进行北京市空中课堂教学资源和市区英语研究课、观摩课展示30多节，多人次参与市区教研活动的专题发言，多篇论文和案例发表并获奖。我校英语教师参与编写的外研社《大猫英语分级阅读》教师用书、《北京版小学英语》教师用书等相继出版。

第三节　学校的发展

一、课程特色形成

（一）"Progress—成长"英语课程是多领域、多主题、多层次、可选择的课程

课程价值定位突出成长，注重学生体验，实现国家课程和校本课程的整合。建立了包括进阶读写、进阶说唱、进阶视听、成长戏剧社、天坛课程、前门课程、英语学习规划等，共十多个门类的英语校本课程。在实施过程中，给学生提供了内容分级、主题多样、修习方式可选择的课程资源，形成了校本阅读课程模式，说唱教学和视听教学模式，以及以天坛课程为代表的实践活动课程模式。

（二）"Progress—成长"英语课程将发展学生的自主学习能力作为课程目标之一，课程的设计与学校"自主教育"特色和学生培养目标保持一致。

确立专门的英语学习自我规划课程，并将课程的实施贯穿于学生整个学习过程。研制形成各类型的课程评价方式和内容。如：进阶阅读形成性评价量表、进阶说唱形成性评价量表、进阶视听形成性评价量表、天坛课程实践活动评价表等。

（三）"Progress—成长"英语课程优先进行课程的顶层设计，课程建设、实施和学习反馈一体化推进，各个环节同时建设，突出了课程设计的系统性。

（四）"Progress—成长"英语课程学时设置灵活，长短课时结合。

根据课程内容、性质进行长短学时的安排。如，进阶阅读课，设计为长课时35分钟，因为阅读活动的开展需要给学生提供一个充足的学习时间，要既保证教师阅读活动的指导，又保证学生能够进行个体阅读的时间。除了阅读35分钟，还设计了1—2次、每次7—10分钟的SSR阅读时间，保证学生能有一定频度的自主阅读时间，促进学生阅读习惯的形成。

二、课程成果显著

图7-11 《灰姑娘》获得北京市小学英语戏剧汇演一等奖、最佳女主角奖

学校课程建设的过程，也是学校不断发展和进步的过程。我校的"Progress—成长"英语课程成为学校的品牌课程，在全国有一定的影响。课程建设充分调动了教师们的积极性，引导和激励教师不断反思和改进，不但促进了学生的发

第七章 小学英语校本课程成果：实施效果

展、教师的发展，更给学校带来了良好的口碑。我校多次进行北京市和东城区课程成果展示，前门小学连续两年获得北京市课程成果评选的一等奖和北京市课程建设先进单位。学校英语课程负责人在连续三届"全国分级阅读学术研讨会"上代表学校做课程建设的主旨发言，同时还受邀作为代表在"外专委学术研讨会"上分享经验，受到了与会代表的高度评价。通过参与课程开发，学校英语组涌现出多名市区级学科骨干教师，学校英语组还被评为区级优秀教研组，并在北京市英语教研活动中进行经验介绍。学校英语组成为东城区青年先锋号的候选团队之一。学校英语组指导学生积极参与中央电视台"希望之星"和外研社"金书签"比赛，多次获得指导奖。

第八章

小学英语校本课程成果：成果分享

第一节　教学案例

"基础课程"实施案例

基础课程（国家课程）实施的核心理念是进行基于主题意义探究的单元整体教学。《普通高中英语课程标准（2017年版）》指出：英语课程应该把对主题意义的探究视为教与学的核心任务，并以此整合学习内容，引领学生语言能力、文化意识、思维品质和学习能力的融合发展。

李宝荣（2019）提出，基于主题意义开展单元整体教学要对单元教学内容和学情进行整体分析，确定贯穿于整个单元的主题意义理解、表达及学习能力发展的主线，在此基础上设计体现学生学习进阶的单元整体教学目标，规划促进学生语言能力和学习能力的螺旋上升式发展路径，设计体现综合性、层次性、关联性、实践性的学习活动，助力学生围绕主题意义进行多视角的学习理解、应用实践和迁移创新的活动，从而形成对主题内容的整体理解，提高学生的综合表达能力，提升学生的英语学科核心素养。

本部分案例呈现了如何进行基于主题的单元整体设计，如何基于单元整体设计展开各课时的教学，体现了前门小学英语团队对于基于主题意义探究的单元整体教学的实践和思考。

案例一 北京版小学英语四年级上册 U7 What is Nature? 单元整体教学设计

北京市东城区前门小学 王蕾

一、单元学习主题分析

主题名称：走近自然 Get Close to Nature

（一）主题概述

1. 核心概念以及育人价值

人与自然是课程标准中提到的三大主题语境，本单元的教材内容属于人与自然大主题下的相关领域。本单元学习内容围绕着什么是这一核心问题展开了关于人与自然的探究。第一课时通过 Maomao 和 Lala 谈论水变成冰的现象，展示了雨、雪等自然现象对人类生活的影响。第二课时通过 Sara 和 Mike 谈论周末生活呈现了森林、草原、山脉等不同的自然环境，帮学生认识到人类生活和自然环境息息相关。第三课时在 Baobao 和 Sara 共同探索什么是自然的过程中，激发学生探索自然的愿望，鼓励学生亲近自然、爱护自然。通过对于各课时教材内容育人价值及内容关联的提炼，最终提炼单元的主题为走近自然，人与自然和谐相处。为了进一步促进学生对主题的探究，教师补充第四课时阅读文本，第五课时为综合实践活动，引导学生通过制作主题书的任务活动，将单元学习成果加以提炼、丰富并进行展示。

2. 内容结构

围绕"走近自然"这一主题，本单元教学通过 Weather in different cities、Living in different places、What is nature? 三个子主题的探究，帮助学生认识自然现象、亲近自然、探索自然。之后通过 Nature in my eyes 和 My lapbook about Nature 两个子主题学习，帮助学生继续深入探究和归纳，逐步深化对于本单元主题"走近自然"的理解，并形成爱护自然、保护自然的意识。

3. 呈现方式

在呈现本单元学习内容时，我们从单元角度整体规划，以教材的整体为着眼点，关注知识建构的内在逻辑，通过三节会话课、一节阅读课、一节综合实践课的形式呈现，帮助学生逐步建立对自然全面而立体的认识。

在不断升华的情感体验中，引导学生自发运用语言抒发对于自然的热爱，在真实语境中，促进学生语言运用的自动化，助力学生将知识转化为能力，能力升华为素养。

4. 教学过程

本单元共五课时，教师通过设计五个子主题的学习活动，促进学生逐步深入对单元主题"走近自然"的探究。引导学生认识自然现象、了解自然环境对人生活的影响，帮助学生拓展学习、归纳总结。激发学生亲近自然、探索自然、融入自然的情感，从而感悟到人与自然之间密不可分的依存关系。

（1）子主题一（第一课时）——Weather in different cities

基于对话的学习，教师引导学生整体感知对话内容，分析图片等非文本信息，帮助学生认识到自然界中水遇冷会变成冰的现象，同时了解到同一时间在不同的地区天气现象会有不同。引导学生基于天气现象，给主人公Mike提出着装、携带物品的建议，鼓励学生在体验语言意义的同时，了解自然气候对人们生活的影响。

（2）子主题二（第二课时）——Living in different places

在本课时的教学中，教师结合我国几个民族的居住地特点，设计了观看视频、完成阅读信息差活动，鼓励学生和同伴积极交流，深入了解不同的自然环境对于人们住房、饮食、穿着、生活方式、文化活动的影响。引导学生思考选择自己喜欢的居住环境，结合思维结构图，尝试连贯表达。在学生运用语言真实交际的过程中，进一步地感知自然环境对人类生活的影响。

（3）子主题三（第三课时）——What is nature?

结合第三课时的对话文本内容，教师引入图片、颜色、声音等多模态资源，并设计配乐诗朗诵的环节，鼓励学生真实抒发自己对于大自然的真实情感，在表达的过程中，继续深入体会自然资源对于人类的重要性。学生通过前两课时的会话课学习，初步形成了对自然的认识，产生了想要亲近自然的愿望。在本课时的学习中，深入体会自然资源对于人类的重要意义，进而实现本单元的育人目标。

（4）子主题四（第四课时）——Nature in my eyes

在第四课时阅读课的学习中，为了拓展学生对于主题意义探究，教师补充了主题阅读资源包（涵盖了关于自然环境、自然现象、自然资源等内容），学生可以根据自己感兴趣的主题选择一篇进行个性化的学习。之后，在和同伴讨论交流阅读内容的过程中，继续深入体会自然的意义，明确人与自然需要和谐共处的含义。

（5）子主题五（第五课时）——My lapbook about Nature

第五课时为综合实践课。本课时的目标为完成制作主题书的单元任务。学生首先复习本单元三个子主题的核心内容，然后小组交流谈论保护自然的行为，最后学生独立完成本单元的主题书的制作。

（二）主题学情分析

1. 语言知识方面

学生在二年级下册和三年级上册的北京版教材中学习过关于自然主题的内容。学生会用英语说出四季、天气、日月星辰、山川河流等自然现象的名称。能运用相关语言结构描述天气现象、不同季节的天气情况和人们的日常活动等。

2. 已有学习能力

学生参与了学校校本课程——"英语诗歌欣赏"的学习，对朗诵诗歌和创编诗歌的活动很感兴趣，能在教师的帮助下尝试进行诗歌创作。

通过以往校本课程中的阅读课程的学习，多数学生形成了一定的阅读习惯和阅读能力。大部分学生能获取图片和语篇中的文本和非文本信息，能借助思维结构图和问题链的帮助梳理概括相关信息。

通过课前的问卷调查和访谈，也能看到很多学生能够主动上网搜索学习资料，围绕相关主题进行自主探究学习。

3. 已有的生活经验

通过对学生的访谈以及问卷调查结果分析，可见98%以上学生对与自然相关知识非常感兴趣，想学习相关内容。通过调查还发现，有87%的学生会在周末选择去公园或郊外，学生喜欢在业余时间走近大自然。约占92%的学生愿意和同伴分享交流自然的知识。大多数学生对于什么是自然有一定认知，他们认为自然包括动植物、季节变化等，内容很广泛。

我们还发现学生了解自然知识的途径比较有限，他们主要通过校内的科学课学习。还有一些学生（20%）谈到自己是通过阅读书籍或观看纪录片去获取关于自然的知识的。

（三）开放性学习环境

为帮助学生更全面地感知本单元学习主题"走近自然"，教师结合多模态教学理论，为学生创设全面开放的语言实践环境；采用混合式的教学方法，线上线下教学相结合；采用小组合作学习方式，促进学生语言的交流；采取拼图式阅读方式，鼓励学生分享交流自己的学习收获。

1. 在设计本单元时，教师在课堂中运用多模态的教学理论。在进行第三课时教学时，运用视频、音频、图像、色彩、空间等多模态符号帮助学生体会感受自然的美和对人类的重要性。结合学生的学习需求，设计多模态的学习活动（如配乐诗朗诵），引导学生在优美音乐的配合下，表达自己对自然的热爱，促进学生运用语言表达自己真实的情感。

2. 采用混合式的教学方式，充分利用线上学习平台等互联网教学工具。在本单元学习结束时，引导学生自主选择复习内容，自主设计安排学习环境，提升学生学习的主动性。在课时教学前，教师还将有关自然主题的学习资料、课前调查问卷以及课后学习任务上传至网络，鼓励学生将课内学习进行延展，打破教室空间和上课时间的限制，鼓励学生自主选择个性化的学习方式，激发学生学习主动性。

3. 采用多种形式的小组活动，鼓励学生在和同伴交流的过程中，分享学习收获。在进行第三课时教学时，教师多次组织小组活动，引导学生在小组中共同欣赏、创编、朗诵诗歌，鼓励学生在小组中合作表演课文，内化语言。

4. 多种阅读方法的使用，帮助学生提高学习的积极性，获取更多关于自然主题的信息。在本单元第四课时的阅读课教学中，教师采用指导式阅读、拼图式阅读等方式，鼓励学生自主获取信息，完成阅读反馈单，并基于阅读收获和同伴交流关于自然主题的学习收获。

二、学习目标设计

（一）能感知理解本单元有关的天气状况、自然现象、居住环境等表达的意义和方式，并能在语境中恰当运用。

（二）能够尝试从网络、报刊、书籍、电视等多渠道获取关于自然主题的学习资源，进行个性化的自主学习。

（三）能感知语篇中描绘自然语句的语言美和意蕴美，能初步运用自编的小韵文或其他形式创造性地表达自己对于自然的热爱。

（四）能获取关于自然主题阅读语篇中的信息，梳理整合语篇中的信息。通过对比、比较发现自然的多样性；不同自然生存环境中人类的生活方式等，形成对于自然这一主题立体深入的认识。

（五）能增强热爱自然的意识、探究自然的兴趣和保护自然的责任感。

三、学习活动/任务设计

（一）达成单元教学目标1和目标5，教师设计如下教学活动：

活动一：Travel with the little water drop（第一课时）

活动概述：和小雨滴一起旅行

学生观看小雨滴的旅行故事的视频，了解到雨雪是如何形成的，认识到空气中的水蒸气在不同地区不同天气状况下可能会有不同形式的变化。

图8-1 小雨滴的旅行故事

活动二：Talk with Mike（第一课时）

活动概述：根据天气情况为Mike提建议

通过人机对话的形式，学生在和Mike打电话的过程中，给主人公Mike提出在不同气候城市里的着装、携带物品的建议。鼓励学生在真实语境中运用语言进行表达。

活动三：Choose a place you want to live in（第二课时）

活动概述：选择居住地并表达原因

学生进行小组活动，在小组中和同伴分享自己想要居住的地方，并简述理由。在思维结构图的辅助下，在半开放的句型结构支撑下，尝试连续表达。从 I see..., I do..., I feel... 等角度表达自己选择的原因。

（二）达成单元教学目标 2 和目标 5

活动四：Talk about how to find out more about nature（第三课时）

活动概述：阅读补充资料，讨论获取信息的方式

学生阅读资料包中的图文信息，之后在小组中借助信息讨论可以从哪些途径了解自然，最后各组同学给全班分享信息。

活动五：Make the Lapbook（第五课时）

活动概述：完成单元任务——制作的主题书

学生结合自己在前四课学习中积累的有关子主题学习成果，和教师一起进行归纳、总结、复习，之后独立完成主题书的设计、组成和制作，进而在小组和班级中分享、表达、交流、自评和互评，进一步加深对自然的热爱，产生与自然和谐相处的愿望。

（三）达成单元教学目标 3 和目标 5：

活动六：Enjoy the poem about nature（第三课时）

活动概述：欣赏关于自然的诗歌

师生共同朗读关于自然的小诗，在朗读的过程中，学生在乐曲的配合下，感受诗歌的美，产生对大自然的热爱之情。同时获取有关自然的信息，加深对自然的感性认识。

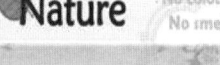

图 8-2 关于自然的诗歌

活动七：Write a poem for nature（第三课时）

活动概述：我给自然写首诗

学生借助教师提供的框架，独立完成一首关于自然的小诗。之后，在小组中和同伴分享。通过活动，学生抒发自己对自然的热爱，同时用诗歌进行表达，也是他们内心对自然感情的外露和显现的过程。

（四）达成教学目标4&5：

活动八：Talk about the friends（第二课时）

活动概述：谈论少数民族人们的居住环境和日常的生活。

学生独立阅读关于我国几个民族居住环境和生活特点的语篇，然后在小组中梳理信息，之后和同伴共同协作完成信息差的活动，通过师生共同梳理信息，深入了解不同居住环境的特点。

活动九：Read about nature（第四课时）

活动概述：阅读关于自然主题的绘本

学生依据自己的喜好，选择一个科普读物进行自主阅读，梳理信息。之后小组中进行交流和分享。最后，在思维结构图的辅助下，进行全班汇报交流，拓展对于自然的认识。

四、学习评价设计

本单元的学习评价设计重点关注：

1. 学生在学习活动中的表现（包括学习态度、具体学习活动的达成）

通过设计核心活动的表现性评价内容、评价指标、评价方法和赋值来实现。

2. 学生的单元整体学习效果

通过对单元学习任务的活动评价和单元学生自评、教师评价的方式实现。

具体设计如下：

（一）核心学习活动的表现性评价设计

1. 核心学习活动A：和小雨滴一起旅行

评价内容和方式：依据学生在观看小雨滴旅行的视频后，是否能和教师一起提取雨雪形成规律的相关信息（图文匹配、依据信息表达和归纳），来判断学生对于雨雪产生的原因及天气现象对人们生活影响的理解。

评价指标和赋值：

合格：学生能够正确完成有关雨雪形成规律的图文匹配。

良好：学生能初步借助图文匹配信息说出不同地方的天气情况。

优秀：学生能够在老师的提示下，根据图文匹配结果，依据不同地方天气的变化，归纳出雨雪的形成规律。

2. 核心学习活动 B: 谈论自己想要居住的地方

评价内容和方式：依据学生能否在小组活动中积极主动地和同伴分享自己想要居住的地方，并在思维结构图的辅助下以及半开放的句型结构支撑下，尝试用 I see..., I do..., I feel... 等逻辑清晰地表达自己选择的原因连续表达，来判断学生的学习情况。

评价标准和赋值：

合格：能利用思维导图和句型结构，简单描述自己想要居住的地方及其原因。

良好：能利用思维导图和句型结构，语意连贯、内容丰富地描述自己想要居住的地方及其原因。

优秀：能利用思维导图和句型结构，语意连贯，内容丰富，并逻辑清晰地描述想要居住的地方及其原因。

3. 核心学习活动 C：谈论更多探寻自然的办法

评价内容和方式：依据学生能否读懂阅读资料包中的图文信息，在小组中讨论后描述相关信息来判断。

评价指标和赋值：

合格：学生能基本读懂阅读资料包中的图文信息，并说出基本信息。

良好：学生能读懂阅读资料包中的图文信息，在小组中交流。

优秀：学生能读懂阅读资料包中的图文信息，在小组中交流，并补充自己的想法。

4. 核心学习活动 D: 朗读关于自然的诗歌

评价内容和方式：学生在小组中，和同伴合作共同朗读关于自然主题的诗歌并在全班展示。之后全班同学对展示的学生的朗读情况进行及时评价。教师依据大部分同学的评价结果，用树叶形的图片在黑板上呈现。

评价指标和赋值：学生互评

评价项目：Loudly & Correctly（正确大声）、Fluently（流利）、With more emotion（有感情）

评价等级：Very good. Not bad. Try again.

5. 核心学习活动 E: 我给自然写首诗歌

评价内容和方式：根据学生完成的自然主题的诗歌创作的意境是否优美、书写是否工整等内容，通过朗读进行展示时组织学生即时互评。

评价指标和赋值：课堂学习互评表

How many leaves can they get?			
Their poem is very beautiful.			
They read the poem very well.	Loudly	Fluently	With emotion
They write the poem very well.			

图8-3　课堂学习互评表

6. 核心学习活动 F: 阅读关于自然主题的绘本

评价内容和方式：观察学生能否借助阅读反馈单，从阅读语篇中获取相对应的信息，进而整合梳理，并能在小组中积极主动地进行交流。

评价标准和赋值：

合格：能借助阅读反馈单，简单梳理阅读材料中的信息。

良好：能借助阅读反馈单，梳理归纳阅读材料中的细节信息，并进行简单表述。

优秀：能在合作中注意倾听他人，与同伴配合完成学习任务。能借助阅读反馈单梳理归纳信息，并进行有逻辑的简单描述。

（二）学生的单元整体学习效果评价

1. 单元学习任务——制作主题书

评价项目及标准1：收集资料

能够基于自然的主题，有条理地整理相关资料，并按照子主题内容分类。

能够依据资料分类，设计主题书的板块和内容。

评价项目及标准2：绘制与书写

能够绘画或用粘贴的方式呈现主题内容，美观大方。

能够书写相关主题内容，拼写正确，书写规范。

评价项目及标准3：表达与交流

能够结合主题，运用正确的语言结构，写出关于自然主题的自己已有认识和希望进一步探究的内容。

能在班内和同学流畅地交流展示自己设计的主题书。

2. 单元学生互评和教师评价

评价项目及标准1：学习习惯与态度

能积极参与学习活动。

对关于自然的主题学习有兴趣。

能倾听他人的表达。

乐于分享自己的学习收获。

能增强热爱自然的意识，探究自然的兴趣和保护自然的责任感。

评价项目及标准2：语言能力

能理解并正确运用有关的天气状况、自然现象、居住环境等表达的意义和方式，并能在语境中恰当运用。如：rainy, cool, on the grassland, in the forest, water, air 等。

能借助教师提供的范例，自己改编或创编关于自然的诗歌。

能找出关于自然主题的阅读语篇中的信息，完成各种学习活动。

评价项目及标准3：学习能力（思维品质）

能够尝试从网络、报刊、书籍、电视等多渠道获取关于自然主题的学习资源。

能够在小组活动中交流和分析关于自然的信息。

能够基于自然主题，整合资源，完成主题书。

五、教学反思与改进

本单元设计遵循英语学习活动观的设计理念，在单元整体设计的角度下，整合课程内容，实施深度教学，优化教学方式，为学生设计有情境、有层次、有实效的英语学习活动观，促进大观念落地课堂教学实践。

在本单元的五个课时的教学中，教师设计了循序渐进的学习理解类的活动，引导学生加深对自然这一主题的理解；在不同程度的阅读活动中，帮助学生逐步实现对语言知识、文化知识的内化和巩固，促进学生语言运用的自动化，助力学生将知识转化为能力。

为助力学生形象化理解主题，教师设计多模态的学习方式和学习资源，帮助学生在视频、音频、图像、色彩、空间等多模态符号资源输入中，感知语言加深理解。

在评价方面，教师关注学生在整个单元中的学习状态和收获，采用实时评价、延时评价、过程性评价、终结性评价、学生互评、学生自评等多种方式，帮助学生在评价的引导下，及时调整自己的学习状态，以促进学生的全面发展。

在单元教学实施后，教师发现，应更加关注学生的差异化特点，设计更加丰富和可选择的活动，引导学生将本课学习主题更好地与自己的日常生活产生链接，增加学生亲近自然、探索自然的机会。

六、单元教学结构图

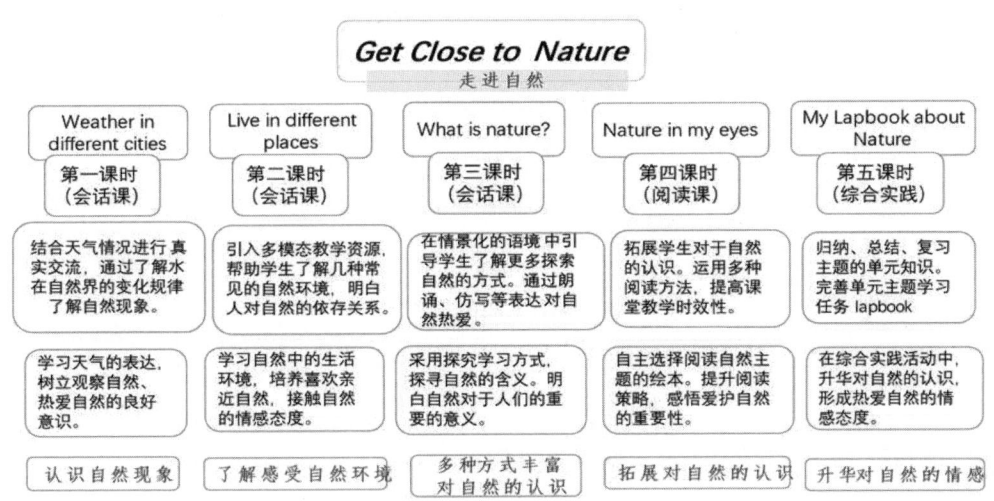

图8-4　单元结构图

案例二　北京版小学英语四年级上册 Unit 3 Will you do me a favour? Lesson 11

北京市东城区前门小学　杨飞

一、指导思想与理论依据

《义务教育英语课程标准（2011版）》倡导学生在真实的语境中感知语言、理解语言，并在真实任务的驱动下，将语言知识运用到生活实践中。本课的教学设计，结合对话内容，丰富对话语境，力图帮助学生在真实的语境中感知语言、理解语言，并在真实任务的驱动下，将语言知识运用到生活实践中。

二、教学背景分析

（一）教材分析

本单元的话题是"请求与提供帮助"，在三年级上册第六单元第19课中，学生学习过"May I borrow your..., please?"这样的句型。本单元的三个课时分别呈现了三种寻求帮助的表达方法。第九课是 Maomao 向 Sara，Grandma 向 Baobao 寻求帮助的场景，并在情境中呈现了新句型"Would you please... ?"及其答语"No problem."本单元第十课是 Lingling 向 Yangyang，Mum 向 Dad 寻求帮助，涉及的新句型是"Would you mind...?"本课是本单元最后一课，重点在于帮助学生体会如何有礼貌地借物。

Listen and say 板块呈现了对话情景，展示了核心句型。Baobao 在乒乓球比赛中忘记带球拍，向 Mike 寻求帮助，Mike 热情地将自己的球拍借给他。在此场景中呈现"Will you do me a favour? 和 May I borrow your...?"及回答"Sure, what can I do for you?""Yes, of course."

Listen, look and learn 板块主要是操练核心句型，初步运用。教师创设了和对话内容一致的情景，为学生设计了 Baobao 和他的朋友们在体育馆里锻炼身体、借用体育用品的场景，帮助学生在更加丰富而真实的语境中操练语言。

Let's do 板块呈现了小动物们在课堂上相互寻求帮助的情景，教师觉得这样的语境不够真实，教师结合课文对话内容和 Listen，look and learn 的内容，教师设计了孩子们为自己班级设计班牌的活动，孩子们可以在真实的语境中结合生活经验，综合运用本单元前两课时有关礼貌寻求帮助的语言。

（二）学生情况

本课授课对象为四年级学生。学生能够用已有知识寻求帮助并向他人借物品。学生在三年级上学期的学习中接触过"May I borrow your book please?"借物句型及marker，ruler，crayon等词语。在课堂中，经过长期的小组活动训练，学生能够高效并积极地完成任务，活动实效性强。

已有知识和能力

学生在三年级上学期中接触过"May I borrow your…please?"借物句型及marker，ruler，crayon等词语。

教学目标：

1. 能运用"Will you do me a favour?"向他人请求帮助，并用"Can I borrow your...?"句型向他人借用物品。

2. 能够结合语境辨别、认读借用他人物品的名称。如"ping-pong bat, scissors, crayons, markers, ruler, pencil sharpener"。

3. 能够在真实情境中运用请求及提供帮助语句。

4. 学生在活动中积极与同伴配合，在相互中照顾他人的情感，相互鼓励，从而产生帮助他人的愿望，感受帮助他人及得到帮助的快乐。

教学重点：

日常用语"Will you do me a favour?"及其答语"Sure.What can I do for you?"的初步应用。

能用"Can I borrow your...?"句型向他人借用物品。

单词、短语"ping-pong bat, scissors, crayons, markers, ruler, pencil sharpener"的认读。

教学难点：能够在真实的场景中运用不同句型请求帮助。

教学准备：配套课件、自制绘本、自制课件、自制道具

三、教学过程

Step 1　Warm up：Fun Reading

1. Let's read a storybook now.

教师自编 Baobao's Day 的小故事，用绘本故事的形式呈现。

2. Free Talk

教师与学生交流故事的内容，What's wrong with Baobao? Who helped him and how? What did they say?

3. Let's act

请学生选择自己感兴趣的小片段，演一演。

设计意图：通过阅读绘本，帮助学生自然快速地进入话题，自然复现本单元核心句型。激发学生关于礼貌提出请求的原有知识储备，体现第三课时特点。

Step 2 Presentation

1. 主题图1的学习

Look and Say 引导学生观察主题图，了解对话发生的场景，关注非文本信息。（PPT第一幅主题图）通过教师的问题引导 Who are they? What are they doing? How do you know? 启发学生讨论主题图1。

设计意图：为学生口语表达创设机会，鼓励学生观察图片，获取非文本信息，预测对话内容。

Answer and Learn 学生尝试建构，梳理信息

接着教师引导学生关注图片的细节信息 Why does Baobao look so worried? 引导学生猜测 Baobao 的语言。

设计意图：本课时是单元的第三课时，教师在此环节大胆地引导学生在未学对话之前，就预测人物语言，是基于学生学情的充分考虑进行设计的。孩子们经过本单元前两课时的学习，关于礼貌寻求帮助的语言有了一定的积累，可以引导学生在真实情景中，展示之前所学，预测人物语言，尝试建构对话内容。有助于学生语言能力的提高和思维能力的增长。

Listen and Learn

教师播放图1的录音，引导学生关注人物所说语言 Will you do me a favour? Sure. What can I do for you? 帮助学生关注本课时的新语言，提示学生这是一种更加礼貌的表达。

设计意图：学生通过跟读，初步角色扮演，内化新语言。

Watch and Learn

第八章 小学英语校本课程成果：成果分享

整体播放第一幅图的卡通片

设计意图：帮助学生整体感知课文内容，内化语言。

2. 主题图2的学习

引导学生通过观察Baobao表情，和图1中表情的对比，感知人物情感的变化调动了孩子们的经验，预测故事的发展。教师提问Why does Baobao look happy now? 引导学生预测故事情节的发展。学生结合自己的生活经验也许会回答He won the game\ He borrowed a bat...

通过观看卡通片，学生了解对话的情节。教师通过问题引导How many bats does Mike have? Which one does Baobao want? 引导学生关注对话的细节信息。

设计意图：感知人物情感的变化调动了孩子们的经验，关注对话的细节信息，预测故事的发展。

Step 3　Practice

1. 观看动画，观察动作，理解课文

通过观看动画、观察动作，再次理解课文，感知课文中Baobao借物时Mike的热情帮助。

2. 听读课文，小组合作，表演课文

通过两人一组表演课文活动，在合作表演中检验朗读是否正确。

Step4　Production

1. Listen, look and learn

在语言操练环节中，教师设计与课文内容更为贴切的体育馆场景，帮助学生在真实语境中进行有意义的语言活动。

Baobao和朋友们在体育馆中锻炼身体，却都忘记带了一些物品，他们需要向别人来借用物品。此环节中，学生会运用到所学寻求帮助语言"Will you do me a favour?""Can I borrow your...？"和相应的答语"Sure. What can I do for you?""Yes, of course."

设计意图：教师这样的设计既弥补了教材中情景不足的现状，又为学生操练语言提供了真实的语境，使语言的练习更加有意义。

2. Let's do

在本课最后一个语言活动中，教师创设学生设计体育节班级标志牌活动。

139

在制作班牌时,我们都需要哪些物品呢?学生发散思维说出物品。在完成活动时,学生需要运用借物语言,集齐所需物品。在活动过程中,鼓励学生综合运用本单元礼貌借物的语言 Will you do me a favour? Would you please...? Would you mind...? Can I borrow your...? 及相应的答语进行真实表达。

设计意图:此环节中,学生尝试用更丰富的语言表达借物原因,使本单元新语言的使用更自然、真实,给学生组织语言、主动表达、发散思维创造了机会,而且还激发了学生积极参与活动的热情。学生通过真实操作在实际场景下的如何寻求帮助以及提供帮助,输出语言更丰富,综合语言运用能力得到了提高。

作业设计:

1. 熟读并背诵对话内容。

2. 学生为本课喜欢的绘本内容(Fun reading 和体育馆中借物的场景)创编对话并表演。

教学评价:

1. 教师根据学生的课堂参与及时地给予口头评价。

2. 根据学生的课堂参与,奖励给学生小贴画。

案例三　北京版小学英语六年级上册 Unit6 What does he/she wear...? Lesson20

北京市东城区前门小学　杨光

一、指导思想与理论依据

《义务教育课程标准(2011版)》中主张学生要在语境中接触体验和理解真实的语言,并在此基础上学习和运用语言。

本课的教学设计,结合对话内容丰富对话的语境,力图帮助学生在真实的语言环境中感知,理解语言,并在真实任务的驱动下,运用语言,将语言知识运用到生活实践中,帮助学生提高综合语言运用能力。

在本课时的教学中我将努力遵循让学生在情境中感知、理解、内化语言的原则,力图通过创设尽量贴近学生生活实际的语言情境,让学生在真实情境中理解语言内涵，通过让学生一起讨论、交流为教师女儿一周穿衣搭配这一活动，将知识与生活紧密联系起来。

二、教学背景分析

（一）单元分析

本单元话题是谈论穿着。本单元的学习内容是关注他人的穿着服饰和穿着的尺码，增进家人和朋友间的了解，并通过话题的学习使学生了解出席不同场所要穿着的恰当服饰。从单元整体教学设计的角度考虑，本单元属于生活功能课，学生要能在生活中运用所学，解决问题。基于此我确定了单元主题，即 Clothes in different occasions. 其中，本单元的第一课时聚焦基本服装词汇，What is he wearing? He is wearing... 通过描述着装指认一个人。第二课时 I wear...on... 关注了舞台上、工作中、生活中不同场所的服饰要求。第三课时是描述自己的或者朋友家人的服装号码，选择适合自己的服装。第四课时通过阅读绘本，梳理服装词汇，引导学生根据场所、服装型号、颜色等讨论怎样合理着装。第五课时引导学生根据自己的已有的衣服，设计一周七天的着装搭配，合理安排在学校、家里及外出时的着装，并制作简单的汇报单。

（二）内容分析

本课是单元的第二课时，分为四个板块。Listen and say 部分呈现对话主题和主要语言结构。对话的图片呈现了 Sara 拿着照片和 Guoguo 讨论她的歌唱家表姐的场景。通过二人的对话展开关于在不同场所的着装讨论，呈现了 What does she wear...? 的句型结构。Listen, look and learn 的板块呈现语言结构，意在通过结构的操练，帮助学生理解和掌握所学语言。Listen and match 听力测试，考查学生对于核心句型的理解，巩固语言知识。Dream Work 板块是调查同学们的未来职业，并根据活动中提取的信息完成表格。

（三）学情分析

六年级孩子对英语学习有着极大的兴趣，他们乐于探索，勇于表达。通过一、二、四年级的学习，孩子已掌握单词 coat, skirt, uniform, jacket 等有关服装类的单词及用语。在这一单元中的第一课时学生也接触了"What is...wearing?""...is wearing...."用语。这都为孩子们进入本课时的学习奠定了良好的基础。因此，学生可以比较轻松地理解本课时的对话内容。对话中的核心句型以及部分短语的含义，学生因为之前没有接触过，理解起来可能有些困难，可以结合图片和视频的帮助学生体会含义，突破学习上的难点。

（四）教学目标

能够借助插图理解对话内容，并能正确朗读对话；

能听懂，会用"What does...wear on...?"提出问题，并在图片或词语的支持下回答；

能听懂、会说，认读 singer, stage, dress, sing 等单词，认读 formal clothes，会用 pretty dresses, a suit with a tie, formal clothes 等有关词语表述不同场合的着装；

通过本课的学习，能够知道在不同的场所穿不同的衣服。

教学重点：

能正确朗读并理解对话内容。

能听懂，会用"What does...wear on...?"提出问题，并在图片或词语的支持下回答。

教学难点：

理解"What does... wear on...?"

听懂，会用"What does... wear on...?"提出问题，能结合生活经验，在图片或词语的支持下回答。

三、教学过程

Step 1 Warm up

1.问题链：

What am I wearing today? How do I look? You know my hobby is music especially classical music. And I can play the cello very well. Would you like to see a clip of my playing? Now please enjoy with me!

设计意图：教师通过播放自己演奏大提琴的片段，引导学生进入本课主题。

2.问题链：

Who is in the video? Where am I? What am I wearing? How do I look? How do I look at work? What am I wearing in life?

As you know I have two daughters, the elder one is NASA and the younger one is VISA. I always dress them up nicely. But VISA always dresses mess. I am very confused and feel helpless. So, I hope that through the study of this class, you can help her dress properly.

设计意图：为本课时的任务活动做好铺垫。

Step 2 Presentation

1. Lead in

Look! Guoguo is visiting Sara. Here comes a lady with an ice cream in her hand.（为对话加上合理前设，引导学生更有兴趣来探究人物的身份）

So, we can see that they are meeting for the first time, Guoguo must have some questions. What will she ask?

2. Deal with the text

（1）问题链：

We know that is Sara's cousin. I think Guoguo must want to know more about her. Let's enjoy the video, try to find out the answers.

What does Sara's cousin do? 展示身着美丽裙装的歌手，让学生们理解 pretty dresses 的含义，同时了解歌手在舞台上的穿着。

What does Sara's wear on stage？展示 Sara's cousin 身穿不同衣物的图片，帮助学生理解，Sara's cousin 最喜欢的颜色是 purple.

（2）问题链：

How many people are there in the photo? Where are they？ Look! What is the man wearing? At last, Guoguo said "I wish I could sing on stage".

3.Read the text

问题引导与学生一起进行课文梳理，复述课文。

Step 3 Listen, look and learn

1. 问题链：

Look Sara's cousin is singing on the stage，now who is singing on the stage?（展现戏剧演员的唱演片段）What does she wear on stage?（展示生活中的戏剧演员）What does she wear in life?

We call these clothes "casual clothes". 带领学生认读单词，并贴在黑板上。呈现游泳运动员孙杨在不同场合的着装图片。What does he wear? 带领学生认读单词 sportswear，并贴在黑板上。

Talk about your parents' clothes. 谈论父母的不同场所的着装。

设计意图：引导学生挖掘更丰富的语言运用情景，联系实际生活经验，加深对语言的理解与内化。

2. Listen and match

用复述的形式核对答案 Linda is an office lady, so she wears formal clothes.

设计意图：培养学生的听力理解和判断能力，扩大语言输入量。

Step 4 Help VISA

请你为 VISA 设计一周七天的穿搭。

设计意图：通过小组活动的方式，培养学生语言交际能力和综合运用能力。

Homework

选取寒假里的一周，给自己的好友设计七天不同场合下的穿衣搭配。

学习效果评价

学生评价：在与同学和老师交流中，自然应用语言进行口头评价。

教师评价：利用课堂学习的内容，教师口头评价：That's great. It sounds good. That's a good idea.

拓展课程实施案例

拓展课程中的进阶阅读课程采用了多种阅读教学模式，包括图片环游、指导型阅读、拼图式阅读等。通过不同的阅读教学模式，帮助学生逐步掌握阅读策略和方法、提升阅读兴趣，逐步加深阅读学习中的思维参与，提升学生阅读素养。本部分的案例呈现了不同类型读物的阅读教学和多种方式的阅读教学模式的实践与思考。

案例一　Too Hot to Stop! 沙漠寻水记
北京市东城区前门小学　王悦

一、教材分析

本书是《大猫英语分级阅读》五级 1 中的一本故事类读物。故事的主人公跳跳是一只生活在炎热沙漠里的瞪羚，它非常喜欢跳跃。有一天跳跳邀请沙漠中其他小动物和它一起通过跳跃来驱赶热浪，越来越多的动物加入它的行列。沙漠中实在是太热了，小动物们只能不停地跳跃。最后它们跳进一泓湖水，凉爽的湖水终于为它们驱散了热气。故事情节生动有趣，结构清晰，难度适宜，有利于学生开展阅读。

二、教学内容

核心词汇：

gazelle, hop, cactus, lizard, falcon, mammal, hump, shade, join

阅读策略：

关注封面上的作者、绘者等信息；

通过标题和封面图片上的细节，预测读物内容；

带着问题有目的地阅读；

通过快速浏览大意，提取关键信息；

通过仔细阅读，提取细节信息。

三、教学目标

在本课学习结束时，学生能够：

提取故事发展的细节信息；

朗读或表演故事；

借助图片复述故事。

四、教学过程

（一）读前活动：

1. 导入活动 3 分钟

教师用多媒体播放一小段有关沙漠及沙漠动物的纪录片，询问学生都了解哪些有关沙漠的知识。

询问学生在影片中看到了哪些动物。

引导学生说说他们还知道哪些生活在沙漠中的动物。

提问建议：

What's the video about?

What do you know about desert?

What animal did you see in the desert?

Do you know any other animals in the desert?

设计意图：

激发学生的兴趣，激活学生已有的有关沙漠及沙漠动物的知识。

在语境中学习相关词汇 desert、gazelle、lizard、falcon 等。

2. 预测故事 2 分钟

引导学生关注封面上的作者、绘者等信息。

让学生观察封面上的图片，询问故事发生的场景。

请学生根据封面图片及故事标题预测故事内容。

提问建议：

Look at the cover. Where is it? What can you see?

Can you read the title?

Can you guess what will happen in the story?

设计意图：引导学生观察封面图片，了解故事发生的场景；通过引导学生预测故事内容，激发学生的阅读兴趣。

（二）读中活动

图片环游活动 15 分钟

1. 学习第 2 页：学生自主阅读第 2 页，了解主人公跳跳。

提问建议：

What animal is it?

What's its name?

Where is it?

What does it like to do?

2. 学习第 3 页：学生读第 3 页，了解跳跳要做的事情，并猜测是否会有小动物愿意和它在一起。

提问建议：

What would Hoppitt do in the desert sun?

Would any animals hop along with Hoppitt?

3. 学习第 4—13 页：请学生独立阅读第 4—13 页，回答几个问题。

学生每三个人为一组，说一说跳跳遇到了哪些动物。讨论这些小动物在哪里，它们是否会加入到跳跳的队伍中。

根据学生的讨论，教师通过板书进行归纳总结。

请学生预测，跳跳还会遇到其他的动物吗？这些动物会跟随跳跳一直跳跃下去吗？它们最终是否会停下来？

提问建议：

What animal did Hoppitt meet first？

Where was it?

Would it hop along with Hoppitt?

Would Hoppitt meet any other animals?

Would they stop at last?

4. 学习第 14—19 页。

学生读第 14—19 页，说一说跳跳又遇到了哪些动物，它们在哪里，它们会加入到跳跳的队伍中吗？为什么蛇和猎鹰让它们停下来？请学生预测接下来会发生什么。

提问建议：

What animal did Hoppitt meet?

Where were they?

Why did the snake and falcon say "stop" to them?

Would they stop?

What would happen next?

5.学习图片20—21，学生读第20—21页，验证自己的猜测。

提问建议：

Where were the animals?

How did they feel in the pool?

Would they stop hopping?

设计意图：

培养学生的观察力和想象力；了解故事的主要内容。

（三）读后活动

1.语言内化活动10分钟

播放MP3音频，学生跟读故事。

表演故事。请学生分别表演故事中跳跳的朋友，老师则扮演跳跳，大家一起表演故事。

学生分组练习并展示。

设计意图：将声音与词形对应起来；培养学生描述图片和复述故事的能力。

2.读后产出活动10分钟

（1）复述故事

让学生根据板书对故事情节的发展进行描述，教师出示单词和短语可以作为提示和参考。

将学生分为两人一组，小组内尝试复述故事。

全班反馈。

（2）小组讨论

想一想还有没有其他能够使沙漠中的动物觉得凉爽的方法。

设计意图：

鼓励学生连贯表达；通过复述加深对读物的理解；鼓励学生表达自己的观点。

家庭作业：

听MP3音频,熟读故事;
完成《家庭阅读指导》中相应的练习题。

案例二 Snow Spoons 勺子雪橇

北京市东城区前门小学 李洪杰

一、教材分析

本书是"领先阅读X计划"第3级的故事类读物。文本讲述了Cat, Tiger和Max变小后在雪中滑勺子雪橇,比赛看谁跳得远的故事,向学生展现了雪中运动的乐趣。

本课主要的语言知识为与滑雪相关的动词和形容词比较级、最高级。合理利用文中相关配图,有利于学生猜测和理解词义。文本属于叙事性语言,比赛部分采用平行结构分别介绍了三个人的滑雪橇过程和结果,适宜采用jigsaw阅读方式进行教学。

二、教学内容

核心词汇:

slid down, sat on, stood on, hit the snow, fell off, ... did a big jump, ... did a bigger jump, ... did the biggest jump.

阅读策略:

1. 关注封面上的作者和绘图者等信息;
2. 激活经验,带着问题有目的地阅读;
3. 通过观察图片,理解语言信息;
4. 通过表演故事,加深对语言的理解和运用。

三、教学目标

在本课学习结束时,学生能够:

1. 理解并朗读故事;

2. 利用模型描述三人比赛过程或表演故事的主要情节；

3. 了解滑雪运动，喜爱这项运动。

四、重难点

重点：理解故事内容

难点：描述滑雪橇过程

五、教学过程

（一）读前活动

自然导入，引入冰雪运动话题 5 分钟。

教师播放一段自我介绍视频。

学生与教师互动，猜测教师最爱的运动 skiing.

联系学生实际，激活原有经验。

观看视频，感受 skiing 的三个关键动作。

提问建议：

Do you want to know more about me? You will know me better after the video.

Can you guess? Which one is my favorite sport?

Who like skiing in our class?

Why do you like skiing?

Can you show us how to ski?

Let's have a look. How did they ski?

设计意图：

通过观看教师自我介绍视频和猜测教师最喜欢的运动，活跃课堂气氛，拉近师生距离，引入本课故事主题 skiing；通过观看滑雪者腾空跳跃的视频，补充背景知识，激发阅读兴趣。引导学生关注滑雪者的动作，感受 skiing 的三个关键动作，为后面的故事学习做铺垫。

（二）读中活动

1. 图片环游，学习故事开端 8 分钟

出示第 3 页，观察图片，预测故事，引导生成 make a snowman, play the

snowball fight, lie down in the snow and role 等。

出示第 4 页，观察图片，预测故事，引导生成可以用来做雪橇的各种物品 a tire, a tub 等。

出示第 5、6 页，观察图片，引入标题 snow spoons。

出示第 7 页，板书示范，边说边演第一个人滑雪的过程。

提问建议：

What did they want to do? Please talk in pairs.

What would they do? What could they use to make a sled?

Did they have a sled? If they didn't have a sled. What would they do?

How could they make a sled with a spoon?

Look, who slid down first? What did he do then? Who can come and show Tiger's jump?

If you were them, what would you say?

设计意图：

引导学生结合自己的生活经验，生成各种有趣的回答；培养学生通过观察图片或阅读文本获取信息的习惯，鼓励学生积极思考、大胆想象的能力。

2. 自主阅读，了解主要情节 17 分钟

教师引导学生自主阅读，了解 Cat 的跳跃，完善结构图。

看图文，听声音，感受 Max 的跳跃。

分析 Max 跳得最高最远的原因。

复述 Max 的跳跃，引导学生完善故事结构图。

两人一组，展示 Max 的跳跃。

明确题目和作者，大声朗读故事。

提问建议：

What about Cat and Max?

Who can show Cat's jump?

Who can come and put Cat on the board?

If you were Cat, would you be happy? What would Cat say?

How did Max do the biggest jump?

Why did Max do the biggest jump? 呈现 Max 和 Tiger, Cat 对比图片，

Did he sit on the spoon? Then what happened? Who went up and up, Tiger, Cat or Max? 出示三人跳跃的比较图

Can you show Max's jump on the board?

Can you show Max's jump? Please work in pairs.

设计意图：

自主阅读给学生充分阅读的时间，发展阅读理解能力，为后续分析 Max 跳得最远的原因、感受语言的表现力和人物情感做准备；引导学生利用图片演示 Tiger, Cat 的跳跃过程。由于人物语言具有重复性和容易理解的特点，学生在演示中体验和习得语言。最后，Max 的跳跃，语言理解上有难度，主要采用看图、听录音的方式，呈现语言；通过探究 Max 赢得比赛的原因，发展学生批判性思维，同时加深语言的理解和内化。

（三）读后活动

Jigsaw 小组合作，续编故事 10 分钟

续编故事发展趋势。

第一次分组，准备展示跳跃。

第二次分组，合作完成故事续编。

提问建议：

What will Tiger and Cat say? Who will do the biggest jump and win this time? 拿着 Tiger 大图，问 Who can come and show Tiger's jump?

Do you want to do that again? Please make a new group of Max, Cat and Tiger. Show your biggest jump in the new group. Let's go!

设计意图：

通过续编故事，培养学生大胆推测的思维品质，思维能力得到锻炼。

家庭作业：

1. 熟读故事，用英文给你的家人讲一讲这个故事。

2. 完成《家庭阅读指导》中相应的练习题。

第八章 小学英语校本课程成果：成果分享

案例三　Best Bird 最棒的鸟儿最棒的鸟儿

北京市东城区前门小学　王蕙

一、教材分析

本书是《大猫英语分级阅读》二级 3 的一本故事类读物。讲述了一只骄傲的小猫头鹰的故事，小猫头鹰认为自己是世界上最棒的鸟儿，于是骄傲地向朋友们炫耀自己的本领。在炫耀的过程中，它发现还有很多事情它不会做，于是小猫头鹰有些灰心丧气。最后，在妈妈的安慰和鼓励下，它恢复了自信，也明白了每个人都有它擅长之处，每个人都是最棒的。借助故事情境引导学生理解我们每个人都有优势，我们都是最棒的，要做最好的自己。

二、教学内容

核心词汇：

best, fly, dive, hoot, talk, see, way, fast, hide. among, leaves, slide, ice

阅读策略：

关注封面上的作者、绘者等信息；

带着问题有目的地阅读；

通过快速浏览了解大意，提取关键信息；

通过仔细阅读，提取细节信息；

利用思维导图归纳及整合信息。

三、教学目标

在本课学习结束时，学生能够：

1. 理解故事的大意；

2. 通过看图预测故事、推测故事大意等活动发展简单的阅读技能；

3. 能够通过自主阅读的方式提取故事信息；

4. 能够正确地、大声地、有感情地朗读故事；

5. 能够尝试评价故事中的主人公并表达观点；

6. 培养学生积极的心态，树立正确的人生观、价值观。

四、教学过程

（一）读前活动

1. 导入 3 分钟

教师播放一段有关动物的歌谣。

学生跟唱并学着小动物们的动作，进行表演。

教师询问学生，大象、青蛙、小鱼都会做什么？

学生尝试说出更多动物能做的事情。

提问建议：

Do you like animals? Here is a chant about animals. Let's chant.

What can the elephant /frog/fish do?

How about other animals?

What can the bird do?

设计意图：

通过说唱小韵文，活跃课堂气氛，激发学生学习英语的兴趣；激活学生对于已有的动词 walk/jump/swim/run/fly 的认知；引入本课故事主题是谈论动物（鸟）可以做的事情。

2. 预测故事 4 分钟

教师播放关于猫头鹰的视频介绍。

学生通过视频学习，了解了猫头鹰的英文表达，以及猫头鹰的生活习性。

教师询问学生，猫头鹰的生活习性有哪些？

学生回答问题，并学习新单词 hoot，尝试模仿猫头鹰的叫声。

提问建议：

Here is a new bird. Do you want to know about it? Watch a video.（After watching）

What's the bird's name?

What can owl do?

Can you hoot like an owl?

设计意图：

通过视频学习，学生能够了解故事的主人公 owl 的习性；在视频的帮助下，帮助学生理解 hoot（猫头鹰特有的叫声），为进入故事学习做铺垫。

（二）读中活动：

1. 第一次自主阅读 4 分钟

教师引导学生自主阅读，并找到小猫头鹰可以做的事情的信息。

学生通过自主阅读，提取信息。

学生两人一组，进行讨论，交流所获信息。

教师根据学生回答，结合故事结构图，进行梳理。

提问建议：

What can owl do? Do you want to know more about this owl?

You can read the story by yourselves, and find out what he can do?（After reading）

What can the little owl do?

Can you be a little owl? What can you do?

2. 第二次自主阅读 4 分钟

教师引导学生自主阅读，并找到小猫头鹰遇到了哪些小伙伴。

学生通过自主阅读，提取信息。

学生两人一组，进行讨论，交流所获信息。

教师根据学生回答，通过板书，进行梳理。

提问建议：

What birds can owl see? What birds can he see? Read the story and find the answer.（Discussing in a groups）

设计意图：

引导学生围绕着两个关键问题梳理故事，尝试回答问题，为后面的阅读进行铺垫。

3. 图片环游 14 分钟

（1）学习第 4—5 页：教师展示读物第 2—3 页，介绍小猫头鹰与鸭子的对话。（A duck）

提问建议：

First, he sees a duck. What does owl say? Listen!

Can the duck fly?

Where is the duck?

What can the duck do? 观看动画。

Can owl dive?

（2）学习第 6—7 页：教师展示读物第 6—7 页，介绍小猫头鹰与鹦鹉的对话。（A parrot）

提问建议：

He sees a parrot. They are in the tree. What does owl say? Listen!

What can the parrot do?

Have you ever seen a talking parrot? 观看视频动画。

Can owl talk?

（3）学习第 8—9 页：教师展示读物第 8—9 页，介绍小猫头鹰与鸵鸟的对话。（An ostrich）

提问建议：

He sees an ostrich. They are in the dessert. What does owl say? Listen!

What can the ostrich do?

Have you ever seen a running ostrich? 观看视频动画。

Can owl run fast?

（4）学习第 10—11 页：教师展示读物第 10—11 页，介绍小猫头鹰与企鹅的对话。（A penguin）

提问建议：

He sees a penguin. What does owl say? Listen!

What can the penguin do?

Can owl slide on the ice?

Is he a best bird?

Then he goes back home. He tells his mum all the things. What does mum say?

设计意图：

通过视频动画、图片、实物等不同方式，帮助学生学习理解新词汇，突破难点。

（三）读后活动

1. 语言内化 4 分钟

（1）（全班活动）教师播放 MP3 音频，学生跟读故事一遍。

（2）（全班活动）学生分角色扮演。学生分成小组，分别扮演小猫头鹰、鸭子、鹦鹉、鸵鸟和企鹅。学生有感情地说出各角色的对话台词。

设计意图：

学生融入到故事中的角色中，学习语言并体会不同角色的情感。

2. 启发思维 2 分钟

（1）教师结合故事结尾，小猫头鹰发现自己有很多做不到的事情，有点灰心丧气，妈妈安慰她是最棒的鸟儿，提问："你认为小猫头鹰是最棒的鸟儿吗？" Is this little owl a best bird？ Why？

（2）学生根据自己的理解，进行回答。

设计意图：

鼓励学生多思考，培养学生的思维能力；培养学生理性表达自己观点的能力。

3. 产出活动 4 分钟

（1）提问学生："你擅长做什么事请？"学生结合自身进行表达。

（2）播放一段关于班里学生特长和爱好的小视频，通过视频，学生了解了身边同学的兴趣特长。

设计意图：鼓励学生发现自己有擅长做的事情，同时也要发现同伴身上所擅长做的事。通过小视频告诉学生们，你们也有很多擅长做的事情，你们也是最棒的，给孩子们信心！你们是我最好的学生！

家庭作业：

1. 熟读故事，用英文给你的家人讲一讲这个故事。

2. 完成《家庭阅读指导》中相应的练习题。

案例四 Sam, the Big Bad Cat 捣蛋的大猫萨姆

北京市东城区前门小学 吴丹

一、教材分析

本书是"大猫英语分级阅读"三级1的一本故事类读物。讲述了一只名叫Sam的猫身体不舒服，没有胃口，主人Tom要带他看兽医，但是Sam不愿意去。于是Sam开始四处躲藏，他藏到了猫窝下面、餐桌下面、橱柜里、浴室里，但每一次都被主人Tom找了出来。在藏与找的过程中，Tom磕到了头，碰撒了桌上的食物和饮料，橱柜里的物品被弄得一团糟，浴室龙头被打开，浇得Tom浑身湿漉漉。Tom身心俱疲，只能上楼休息，而Sam经过一番奔跑，身体舒服多了，他露出得意的笑，坐在沙发上尽情享用他的猫粮。

绘本中的插图颜色鲜艳，人物形象表情生动，图片中有很多需要细心观察和深入挖掘的细节信息。故事情节趣味性强，语言凝练，言简意赅，关键句型反复出现，在叙事文段中穿插人物对白，严谨又活泼。

二、教学内容

核心词汇：

Didn't feel well, vet, hide, hid, under his bed, under the table, in the cupboard, in the shower, found him

阅读策略：

关注封面上的作者、绘者等信息；

带着问题有目的地阅读；

通过快速浏览了解大意，提取关键信息；

通过仔细阅读，提取细节信息；

利用板书，按照故事的发展顺序梳理和整合信息。

三、教学目标

在本课学习结束时，学生能够：

1. 理解故事的大意；

2. 能够了解书名、作者和绘图者；

3. 能够在故事插图和教师的引导下，对故事情节进行推测、想象；

4. 能够通过自主阅读的方式提取故事信息；

5. 能够正确地、大声地、有感情地朗读故事。

四、教学过程

（一）读前活动

1. 导入 3 分钟

教师出示照片的一部分，学生看一看、猜一猜图中的动物。

出示完整图片，这是老师家的宠物猫妞妞。

教师展示孩子和宠物猫妞妞日常玩耍的照片。

教师播放图片并讲述宠物猫躲在家里各个角落，最后又被发现的趣事。

提问建议：

What animal is it?

Where did she hide?

设计意图：

通过教师讲述自己家的猫的趣事，拉近与学生的距离，激发学生的学习兴趣，激活学生的生活经验及语言，为学生后续的自由表达做铺垫。

2. 预测故事 4 分钟

听声音，引入故事角色 Sam the cat。

猜测两个主人公的关系。

观察封面，寻找书名、作者、绘者。

提问建议：

Today we have an interesting story, it's about ...

Whose cat is it?

What happened between Tom and Sam? Do you want to read the story?

What's the name of the story?

Who wrote the story? Who drew the pictures?

设计意图：

引导学生通过观察封面，了解书名、编者绘者信息。培养学生良好的阅读习惯和提取信息的能力；鼓励学生积极思考，发展学生预测能力。

（二）读中活动

1. 图片环游：学习故事第2—4页 4分钟

（1）师生一起读故事的第2—4页，了解故事的起因，即大猫Sam身体不舒服，没有胃口，主人Tom给兽医打电话后，准备带它去看兽医，而它不愿意去。

（2）学生通过猜测、小组讨论，推测故事的发展。

第2页提问建议：

What is Tom doing?

Did Sam want to eat the fish? Why?

Sam didn't feel well. What could Tom do?

第3页提问建议：

What is Tom doing?

Who is he talking with?

Look at the three pictures. Which one is the vet?

But did Sam want to see the vet?

What could Sam do?

第4页提问建议：

Where did he hide? Can you guess? You can say "Maybe he hid ..."

Would you like to talk with your partner?

设计意图：

将学生带入故事情境，了解故事起因；引导学生猜测故事内容，渗透阅读策略。

2. 自主阅读第2—4页 4分钟

教师引导学生自主阅读，找一找Sam分别藏在了哪几个地方。

学生通过自主阅读，提取信息。

学生两人一组，进行讨论，交流所获信息。

根据故事内容，学生将板书中的图片进行选择和排序。

提问建议：

How many places did Sam hide?

Where did Sam hide? Please choose the pictures. Please order the pictures.

设计意图：

引导学生围绕着两个关键问题梳理故事，尝试回答问题，为后面的阅读进行铺垫。

3. 图片环游：14 分钟

（1）学习第 5 页：教师展示读物第 5 页，Sam 藏到了猫窝下面，但是被 Tom 找到了。

提问建议：

Where did Sam hide?

Did Tom find him? Why?

Did Tom catch him?

What happened?

（2）学习第 6—7 页：教师展示读物第 6—7 页，Sam 藏到了桌子下面，但是被 Tom 找到了。

提问建议：

Where did Sam hide?

Did Ton find him?

Tom wanted to catch him, what happened?

（3）学习第 8—9 页：教师展示读物第 8—9 页，Sam 藏到了橱柜里面，但是被 Tom 找到了。

提问建议：

This time where did Sam hide? Did Tom find him? Why?

Did Tom catch him?

What happened?

（4）学习第 10—11 页：教师展示读物第 10—11 页，Sam 藏到了浴室里面，但是被 Tom 找到了。

提问建议：

Sam ran away, this time where did he hide?

Did Tom find him? Why?

Did Tom catch him? What happened?

（5）学习第 12—13 页：在故事的结尾，Tom 筋疲力尽，只能上床休息，Sam 则坐在沙发上尽情享用他的猫粮。

提问建议：

Look at Tom, was he happy? Was he ok? Why?

Did he feel well? What did he say? Listen.

Can you read like this?

How about Sam?

Did he feel well?

设计意图：

通过看一看、说一说、演一演等方式，帮助学生理解故事内容，感受人物的心理活动。

读后活动：

1. 语言内化 4 分钟

（1）（全班活动）教师播放 MP3 音频，学生跟读故事一遍。

（2）（全班活动）教师再次播放 MP3 音频，学生可以自愿选择看一遍故事，或跟读一遍故事。

设计意图：学生整体感知故事，理解故事内容，明确故事的发展顺序，内化语言。

2. 产出活动 Retell the story 2 分钟

Today we learned a story. The title is...

In this story, there is Tom and his cat Sam.

One day....

设计意图：根据板书，按照故事的发展顺序复述故事，用自己的语言进行合理表达，加深对故事的整体理解。

3. 启发思维 2 分钟

（1）教师结合故事中猫和人的斗智斗勇，从开始的被动躲藏，到最后猫捉弄主人的过程，提问学生：After the story, what do you think of the cat?

（2）学生根据自己的理解，进行回答。

设计意图：鼓励学生多思考，培养学生的思维能力；培养学生理性表达自己观点的能力。

家庭作业：

If you were Sam, where would you hide?

Draw a picture and talk with your friend.

第二节 科研论文

在"核心素养视域下英语课程创新实践"的研究过程中，教师团队关注了当前教育教学的热点问题，将先进的教育教学理念运用到课程的实施过程中，进行了线上线下混合式学习方式的设计与实施、基于大观念的单元主题的设计与实施等专题研究，取得了丰硕的成果。本部分的科研论文就是教师团队的成果展示，体现了研究型团队的实践过程和收获。

论文一 基于混合式学习方式的小学英语单元整体教学设计与实施

北京市东城区前门小学 闫萍

一、关于混合式学习

在国际上，混合式的学习方式被认为将是未来教育的主要模式。关于混合式的定义有很多，广义上指的是在教学设计中混合不同的学习理论、学习资源、学习环境、学习方式和学习风格来帮助学习者在学习过程中获得最优的学习效果。例如：可将"线上"学习和"线下"学习的优势结合起来，通过两种教学组织形式的有机结合，把学习者的学习由浅到深地引向深度学习。

混合式的学习方式，可以帮助学生展开更加深入的基于单元主题意义的探究。它可以将学习内容问题化、学习过程探究化，学习活动网络化，使学生的主体性得以实现，同时这样的方式还能提供自主、合作、互动的学习环境，促进学生各项能力的发展。

二、为什么要进行混合式学习方式的尝试

对于教育者来说，必须要面对变化与挑战：

一是学生的学习内容发生了变化。学习内容应当是：学科课程内容和"疫情"这一具有现实意义的生活情景结合，充分基于主题，整合学习资源。

二是学生的学习环境在变，居家学习，学生面对的是电脑，是手机，学习媒介发生了变化，学生拥有了更多的自主选择学习内容的机会，如何引导学生面对海量的信息正确地进行筛选？如何指导学生自主规划学习进程？

三是学生的学习方式在变，传统的面对面的教学模式不能也不再适应新形势的要求，多样化的混合式的学习方式（线上、线下多种学习方式的综合使用）必将成为趋势。教师应当采取怎样的方式，最大化地发挥混合式学习模式的优势？

前门小学自2017年参与了北京市教育科学院基教研中心王晓东老师"十三五"课题《混合式学习方式，在小学英语教学中的应用研究》。通过三年的实践，我们在基于单元主题的教学资源整合、基于单元主题的翻转课堂实践等领域进行了研究，在如何整合资源、如何在进行前置学习、如何在课堂教学中设计混合式学习活动取得了一定的研究成果。在这个特殊时期，我们将混合式学习方式应用到了英语教学实践中，取得了很好的效果。

三、如何设计"混合式学习"全程

（一）设计"混合式学习"的方法和策略

1. 基于大单元或者大观念（Big idea）整体设计

王蔷（2021）提出大观念对教师而言，它是可以统领教学设计的核心理念；对学生而言，它则是学生完成学习后生成的认知结构、解决问题的思想和方法，以及价值观念，应该是能够对学生一生产生影响深远的观念，并会持续影响其品格、品性和行为表现的观念。曹培杰（2020）提出大单元教学，倡导以大概念为核心进行单元任务设计，打破按照教材章节进行教学的陈规，突出学科知识体系的完整性，帮助学生更好地建立自己的知识网络。

曹培杰（2020）提出基于大单元或者大观念整体设计第一步是提取大观念，

通过集体备课，研读教材和学习资源中的有关知识点的本质联系，把大概念从学科知识体系中提取出来。第二步是组建单元主题，在大概念的统领下，打破教材编排顺序，采取删减、融合、增补等方式重组单元学习内容，形成单元教学主题。第三步是明确教学目标，根据课程标准和教材要求，制定本单元需要达成的整体目标，并对整体目标分解，形成课时目标。第四步是设计学习任务，结合学生的认知特征和生活经验，设计真实任务情境和序列化的探究活动。第五步是研制评价工具，围绕教学目标和学习任务，设计单元作业、练习测试、学习量规、观察量表、作业分析表等评价工具。

2 基于英语学习活动观——设计混合式学习活动

普通高中英语课程标准（2017版）中提到的英语活动观这一理念。因为英语教学活动观无论是对于基于大观念的教学内容的提炼，还是对于教学过程的设计都有重要的指导意义。

英语学习活动观是指学生在主题意义引领下，通过学习理解、应用实践、迁移创新等一系列体现综合性、关联性和实践性等特点的英语学习活动，使学生基于已有的知识，依托不同类型的语篇，在分析问题和解决问题的过程中，促进自身语言知识学习、语言技能发展、文化内涵理解、多元思维发展、价值取向判断和学习策略运用（教育部，2018）。

3.基于教材内容提炼主题——认识北京版小学英语教材

北京版小学英语教材是遵循话题—功能—结构—任务相结合的原则进行教材编排。教材以单元话题为核心展开课文内容，以功能和结构作为主线，以任务型活动为教学目标。

教师的教学设计应当围绕主题意义引领下的单元整体教学展开，通过引导学生参与一系列的英语学习活动，基于语篇，理解语言，应用实践，最终实现迁移创新，从而实现学生的深度学习。

（二）设计"混合式学习"的具体步骤

通过以下四个步骤：整体设计学习全程、明确各阶段任务、进行资源整合、精心设计活动，进行了混合式学习的课程规划。

1. 整体设计混合式学习全程——前门小学混合式学习课程规划

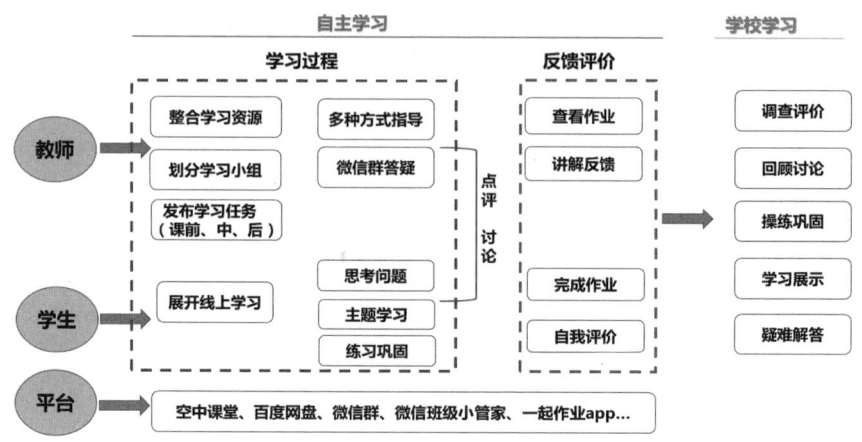

图8-5　混合式学习线上线下学习活动规划

我们设计了教师、学生应具体完成的任务，选择了适于进行学习的平台。上图展示了课程规划的细节。

自主学习阶段——教师的任务。首先，教师围绕主题充分地整合学习资源。帮助学生形成学习小组，进行讨论和分享。在平台发布学习任务（课前、课中、课后学习任务），提出需要解决的问题。在此期间，根据学生学习困难，录制视频指导或者提供文字指导，同时通过学习群或者个别通话的方式针对性地解决学生学习中的困难。

与此同时，学生展开线上学习，线上学习内容包括——思考问题：带着问题进入学习；主题学习——观看教学视频、教学PPT和动画等资源，理解大意，模仿语言；练习巩固——完成听说读写巩固活动。以上是学习过程中师生的任务。

线上学习之后，学生完成课后练习，并做出自我评价。教师在平台上进行反馈指导，查看学生提交的作业，并对作业进行评分与反馈。通过平台的讨论和学生作业互评实现师生之间与生生之间的互动，完成反馈评价环节。

学生完成自主学习之后，开始进行学校学习。教师首先针对学生的学习情况展开调查，对线上学习的内容进行梳理和总结，对学生疑难问题进行讨论和解答，组织学生进行学习成果的汇报和展示。通过自主学习（线上）和学校学习（线下），有效整合学习内容和学习方式，提高学生的学习效率。

2. 明确各阶段任务分工

（1）学生的学习活动

首先，学生根据教师提供的网盘资源，查看教师发布的学习通知和学习任务，自主学习相应课程，包括教师已开放的微视频、与此相应的 PPT、文本资料等，并在学习过程中随时记录学习问题和困惑，提交到讨论专区供教师和其他同学相互讨论和解答，为教师了解学生学习困惑、准备线下课堂活动提供素材。

其次，学生根据要求，完成相关的闯关练习和作业，自我检测学习情况。在这一阶段里，教师也可采用分小组学习的方式，布置一些专题任务，要求学生在课前进行小型调查或资料查阅，由小组成员合作完成。

（2）教师的教学活动

首先，做好对学生学习的监管工作。随时查看学生学习情况，对学习进度明显落后的学生要及时督促提醒其按时完成学习任务，以免影响后一环节的线下学习。

其次，教师要及时回复学生提交的问题，鼓励学生大胆提问和相互之间的交流，活跃线上教学氛围，及时批阅学生提交的作业，并根据线上学习情况确定线下课堂讨论主题和需重点讲授以及指导的内容。

3. 进行资源整合

在京版教材的基础上，基于单元主题，有效地整合各种线上的学习资源，包括歌曲、童谣、视频、游戏活动等，同时也充分利用其他资源，如图书、动手制作的材料等，同时借助多种形式的数字平台，构建起立体而丰富的学习资源，促进学生对于单元主题意义的深度探究。

4. 精心设计学习活动

通过精心设计课前、课中和课后学习活动，促进学生能力提升。下面以 Plants 主题学习为例，谈设计与实施。

精心设计教学任务，首选要明确基于主题进行教学资源整合和教学任务的设置。绘制主题学习图是一种非常好的组织教学内容和设计教学内容的方式。如，以 Plants 为主题，通过以下三个环节：课前预习、课中学习、课后巩固，以及每个环节中的具体步骤设计具体学习内容和活动。教师将这一主题的资源通过文件夹存到网盘中，学生按照学习指导，进行学习。

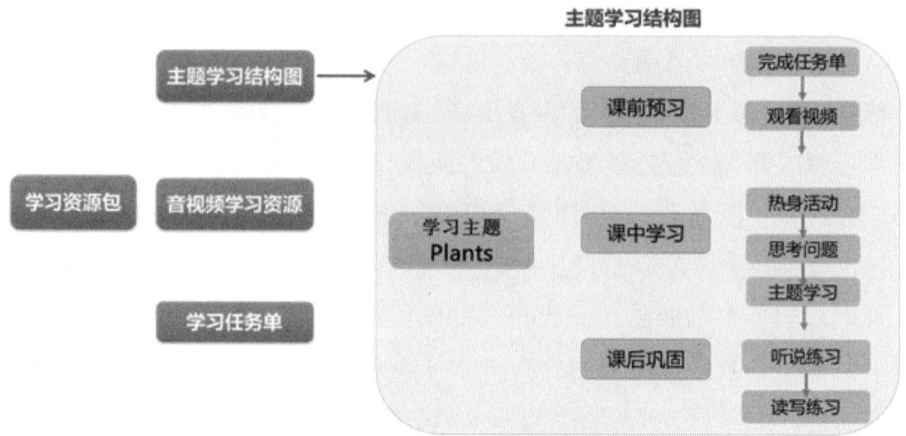

图8-6 主题资源包结构图

如：Plants 这一主题，课前预习，提供了视频和课前任务单，课中学习，教师录制了主题学习微课，并将讲授中的资源放置文件夹中，以备学生反复观看学习。

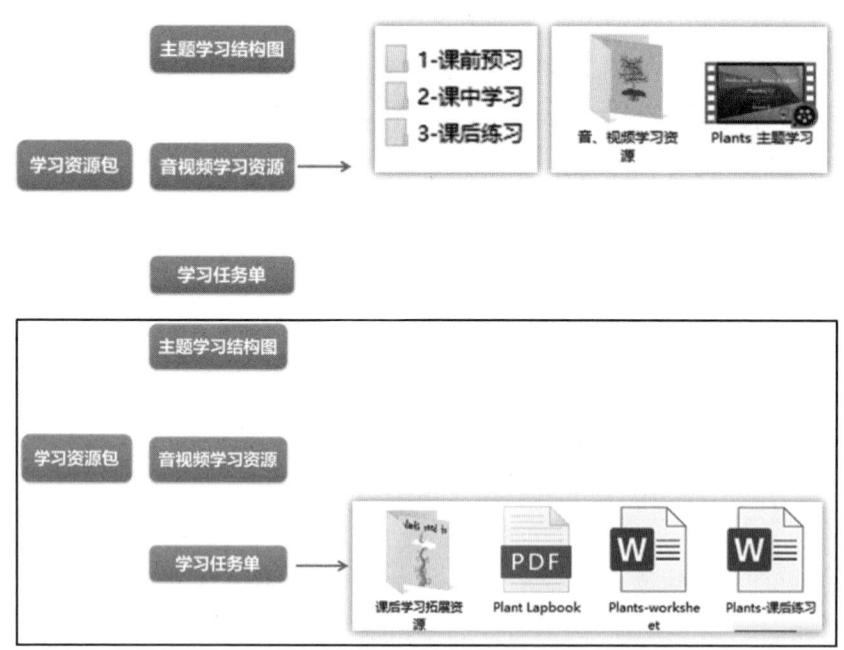

图8-7 主题资源包学习内容示意图

课后学习，提供了练习、worksheet 和拓展资源包等。学生只需要运用网盘下载的资源包，即可按照要求逐步完成线上的自主学习。

（1）课前预习（呈现主题、激活已知）

课前预习活动，主要目的是呈现学习主题，激活学生已知。学习任务单可以帮助学生逐步完成预习活动。

播放视频，边看边思考这个视频的主要内容是什么。What's the video about?

再次播放视频，记录下视频中所提出的植物的各个部位名称。What's the English for the different parts of plants?

请你尝试着将植物的各部位名称标画在下面的图片中。Can you try to write down the different parts' names of plants?

再次播放视频，跟着一起唱一唱这首歌。Try to sing the song with the video.

有关植物你还想了解哪些信息呢？What else do you want to know about plants?

（2）课中学习（问题引导、启发思考）

课中学习设计要思考如何基于学生的前置学习，设计有效的课堂自主学习活动，促进学生通过解决问题、讨论、拓展活动等方式真正展开主动学习，从而促进学生的英语语言能力和自主学习能力的同步提升。可以设计热身活动、问题讨论和主题学习三个重点环节，层层递进地展开学习活动。

（3）课后巩固（听说读写、多样练习）

从听说读写等多个角度设计多种形式的学习任务。特别关注听力活动的设计，通过听的练习帮助学生巩固，能反馈学生认读和读音等方面的真实情况。注意给学生留足够的思考解决问题的时间，每个练习学生完成后要进行细致讲解和分析。

四、"混合式"学习评价

（一）进行"教学评"一体的评价设计

每单元每课时的教学目标要可评可测。在设计单元和课时目标时，运用可评测的词语来描述目标，运用具体的教学活动来体现教学目标的落实。如：能够……读出……，能够运用……解决……。

基于教学目标设计教学过程的各个环节的评价方法。在教学设计的主要环节中，标注与哪个教学目标对应，如何评测。

精心设计课时学习的评价活动。单元或者课时学习结束后的综合运用活动，要围绕着学习内容进行设计，充分体现出学生的语言知识和技能的水平。

（二）设计学习过程中学生的自主评价

学生明确单元和课时学习目标。在学习开始前，学生应该清楚每个单元和课时的学习目标，教师提供学习评价表格和具体的评价内容。

学生对自己和同学的学习参与全过程评价。对自己的学习参与度、学习结果等做出全程评价。

自我反思和计划。针对自己的学习情况进行阶段反思，同时提出自己的目标和改进措施。如：课堂注意力不集中，改进方法是每个问题都积极回答；小组对话不熟练，改进方法是每天起床和上学路上听读背；等等。

（三）设计线上线下混合式学习评价

知识测验采取课堂口试和笔试的形式进行，测验内容可以相对灵活多样，口试内容要围绕学习活动主题进行创新设计，测验形式包括单词句子朗读、看图说话、模拟场景、师生对话、故事接龙等。以上测验形式可以对学生的语音语调、应变能力、知识储备和自信心等方面进行综合考量。

线上评价依托平台进行。进行小学英语混合式学习活动时，在线英语学习平台主要依托"一起作业"，每个单元和课时选择知识、技能、拓展三种练习，对数据进行分析，改进教学。

小组作业展示形式多样。英语主题小报的设计、英语单词竞赛题目设计、英语对话展示等。

参考文献：

[1]小学英语混合式学习活动的设计研究[J]．付文瑶，2018.6.1.

[2]教育部义务教育英语课程标准（2011年版）[S]．北京：北京师范大学出版社，2012.

[3]混合式学习模式在小学英语教学中的应用研究．徐春玲[J]．2008.4.1.

第八章 小学英语校本课程成果：成果分享

论文二 基于主题意义探究的小学高年级英语单元整体教学设计实践与思考——以北京版《英语》六下 Unit 3 Let's live a low-carbon life 为例

北京市东城区前门小学 王悦

《普通高中英语课程标准（2017年版）》中指出，英语课程应把对主题意义的探究作为教与学的核心任务，引领学生语言、思维、文化等核心素养的综合发展。程晓堂（2018）在主题意义探究的英语课堂中，学生获得的不仅仅是英语知识，还包含对其他领域的了解和认知，对周围世界更为深刻的认识，在情感、态度和价值观等方面的发展。基于主题意义探究的单元整体教学强调以单元主题为单位进行教学，从单元整体出发，围绕主题，开发和整合教学内容，进行整体规划，统筹安排，拟定单元总目标，开展连续课时的单元教学。这种教学方式的优点在于根据单元主题充分整合单元教学资源，对构成整个单元教学过程的各部分之间的联系进行最优化的教学安排，进而推动学生能力的综合发展，落实对英语学科核心素养的培养，同时有助于利用多种教学方式，在有限的时间内获得更大的效益，促进英语课堂效率的提升。下面以北京版《英语》六年级下册 Unit 3 Let's live a low-carbon life 为例具体阐述笔者在单元整体教学中的实践与思考。

一、研读文本，提炼单元主题，建立各语篇子主题之间的有机关联。

本单元的话题是环境保护，属于人与自然主题语境。本单元的教材内容共分为四课时。第一课时，以主人公 Guoguo 和父母在社区公告栏处观看世界地球日的展板，进而谈论这一特别日期为切入点，引导学生从日期、节日意义及具体可行的环保行动三方面，了解有关世界地球日的内容，引发学生对地球环境的关注，从而增强学生的环保意识，进而引导学生了解环境保护的具体途径和方法。基于以上分析，笔者将本课时的子主题定位在"关注地球，保护环境"。

第二课时呈现了主人公 Lingling 和 Yangyang 的对话，两个人从双面打印、节约纸张这个话题说起，Lingling 在对话过程中提到了低碳生活，之后用举例子的方式为 Yangyang 做了解释。在对话中，自然呈现了低碳生活的方式方法，即双面打印、节约用纸、节约用水用电。通过对话的学习，帮助学生了解低碳生活的内涵，树立低碳生活的意识并能够落实到实际生活的件件小事中。通过以上分析，笔者将本课时子主题定位在"惜物善用，低碳生活"。

第三课时以 Maomao, Lingling 和 Mike 在郊游时，看到并谈论小动物为情境，在交流中，使用了方位介词表明动物的位置，同时，提出了爱护小动物的理念和建议。通过感叹句表达情绪及情感。通过学习，学生能够树立热爱小动物，与自然和平共处的意识，并落实到实际生活中。基于以上分析，笔者将本课时的子主题定位在"关爱动物，和谐统一"。

第四课时是一篇关于能源的阅读理解，由于属于科普类的读物，因此文本生词量较大。所以在指导学生阅读时注重阅读策略的指导，如借助图片及上下文的线索推测生词含义、关注小标题、推断段落大意等，突破阅读难点。并与学生一起探究如何节约能源，尤其是不可再生的能源，做到可持续发展，进一步帮助学生明确低碳生活的目的及重大意义。笔者将本课的子主题定位为"节约能源，持续发展"。

通过分析各课时语篇之间的共性联系可以发现：在第一课时通过了解世界地球日及其他环保节日，帮助学生树立环保的意识，并初步了解一些措施；第二、三课时，学生通过了解低碳生活和爱护动物，重在知晓环保的方式；第四课时通过对能源知识的学习，理解为什么要环保，要低碳生活的原因。纵观本单元已有的学习内容，尤其是在第四课时，它只是介绍了我们生活中的一些能源，感觉就是知识性的内容，离学生的生活比较远，如何让学习和他们的生活实际产生最直接的联结呢？笔者认为有必要通过活动，或者绘本阅读的方式让学生更加真实地看到我们实际生活中真正的资源的现状是什么样子的，我们应当怎样做。基于这样的思考，在第五课时笔者加入了《多维阅读第 8 级》中的 Rubbish in the river 这样一个绘本的学习。绘本呈现了自然界中的水资源是循环的，是通过循环达到可持续发展的，水资源与人类的生活息息相关，特别是干净的水资源是人类生活必不可少的，那水资源被污染后也会对人类产生影响，通过这几个部分帮助学生由现象认识到与自己生活之间的联系，提高学生保护水资源的意识。笔者将本课时的子主题定位在"关注现状，保护资源"。基于提取的各课时的子主题，可以看出"环保"的理念融合在每个课时之中。参照新版的高中课标中提出的三大主题语境，整个单元是围绕人与自然主题语境中的环境保护展开的。在借鉴主题语境的基础上，结合已有语篇，笔者提取本单元的主题为"Be kind to the earth, protect the environment"。

图8-8　单元主题结构图

二、基于主题意义，诊断学生已知、难点和发展点，合理规划单元目标。

接下来笔者分析的第二个维度是学生，要诊断他们的已知、难点和发展点。就本单元而言，通过之前的英语学习，学生对于用Let's等来提出建议并不陌生，祈使句的用法也曾在四年级下册第六单元，围绕"安全"这一话题充分学习过。那么这些语言知识的积累都有利于学生顺利地进入本单元的主题学习中。

但与此同时孩子们也面临一些问题与挑战，在他们的英语学习经验中，对环保这一话题接触不多，因此，理解起来存在难度，另外学生对于低碳生活的方式方法有生活经验，但由于对低碳生活这一概念不够明确，无法将二者准确关联。在这个话题下，学生的单词、短语储备也略显不足，不足以支持学生的表达，他们丰富、连贯地进行表达有困难。

通过本单元的学习，学生们在环保这一话题下的语言积累将会更加完整和丰富，他们能够描述和交流低碳生活的具体做法，他们的语言理解、表达能力有所提高，在主题探究的过程中树立环保观念，关注环保现状，加入环保行动。

基于以上对单元主题和学情的分析，笔者将本单元的教学目标制定如下：

1. 理解对话内容，正确朗读对话，并进行复述。

2. 结合世界地球日，谈论它的日期、意义。能在了解地球日的学习活动中增强环保意识。

3. 了解低碳生活的意义，谈论生活中如何做到低碳生活。

4. 谈论如何关爱和保护动物。

5. 能够认识到人与自然和谐共处的美好愿望是我们保护环境的初衷，从而树立低碳生活、节能环保的意识，并尝试将其落实到日常生活中去。

三、围绕目标，设计教学环节和学生活动

教师在进行单元整体教学设计中，应从学生的已知出发，设计从学习理解到应用实践，再到迁移创新的主题意义探究活动，引导学生梳理各子主题的结构化知识，为学生从广度到深度形成对单元主题的完整认知创造条件。笔者在北京版六下 Unit 3 单元设计过程中，基于单元总目标，制定了每课时目标及实现目标所需要的活动。

以本单元第一课时为例：基于分析，笔者将本课时的教学目标确定为：1. 理解课文对话内容，正确朗读对话。2. 在图片和关键词的支持下，尝试复述对话内容。3. 听懂、理解并表述世界地球日的日期及意义。4. 增强环保意识，能掌握一些简单的保护环境的途径和方法。

在 Warm up 环节，笔者基于课时内容，为学生呈现了一首 Earth Day 的歌曲，歌曲中涵盖了多种环保方式，如：Don't drop your rubbish. Don't leave the water running! Don't use up all that plastic 等，句式均为祈使句型，并且学生在动画的支持下，很容易理解这些环保方式的英文表达，在激活学生对环保方面的生活经验的同时，也为学生后续理解及表达做了一些语言知识的铺垫，同时帮助学生快速进入主题学习。之后通过 Free Talk 的方式与学生一起谈论 World earth day, What do you know about earth day? 学生可能会回答出节日的时间，第一个世界地球日是在哪一年发起的？是由哪个国家的人发起的及之后再询问学生 What do you want to know about earth day? 学生可能会提出谁发起的？为什么会设立这样一个节日等问题，教师将问题简要记录。在这个 Free talk 的环节中，集体讨论、引导学生获取对 World Earth Day 的已有知识，对于不知道的孩子，也可以从别人的说法中增进自己的知识；之后引导学生提问，他们还想要了解的问题，这些问题，便成为他们阅读和学习的目的。

在 Presentation 环节，引导学生观察主题图，梳理非文本信息，理解语言发生的环境，同时通过师生交流，引导学生合理预测对话内容。之后采用视听对话的方式，帮助学生核实猜测信息，理解对话主旨大意。之后请同学们自主阅读语篇，快速找到 Guoguo 想要了解的问题，之后再次阅读，寻找问题的答案。这个部分的处理主要体现出对学生阅读能力的训练，帮助学生通过自己阅读，在问题的提示下，准确提取信息。

接下来师生一起，根据语篇内容，梳理并整合世界地球日的事实性信息，包括日期、设立意义、我们的行动。学生在教师的引导下，提炼出结构化知识，并呈现在板书中，帮助学生在零散的关于世界地球日的信息之间建立起关联，使文本的脉络更加清晰，凸显出其语言意义。为后面学生的基于单元整体的表达，做一个框架性的支持。

在 Practice 环节，学生首先通过听录音跟读，练习朗读对话，通过角色扮演，加强对对话内容的理解，同时内化语言。之后教材中 Listen and match 和 Let's do 板块，都为学生提供了更加丰富的节日，但是听力板块中的 international nurses day 和 World health day 与本课时环保话题的契合度不高，因此笔者将这两个节日暂时去掉，将两个板块进行整合，保留了如下四个和话题贴合度高的环保节日，以了解这四个节日的日期、意义及环保方式为活动任务，设计了 Let's know more holidays 的信息差活动。

笔者将学生分成两人一组，每个同学手中的活动表格包含两个节日的日期及设立意义。之后学生在小组活动中运用本课时的功能句型提问或回答，完成信息收集。知晓四个节日的日期及设立意义。之后通过小组讨论完成各个节日环保方式的探究。这个活动，是在学生初步掌握结构化知识的基础上，引导学生尝试使用和内化所学的语言和信息，加深对本课主题意义的理解。

进入 Production 环节，笔者询问学生 What topic are we talking about today?

Yes. World Earth Day. It tells people to protect the environment. What can we do to protect our environment? 之后教师将学生给出的一些环保行动进行记录。之后依据学生给出的环保行动，提供一些分类框架，如低碳生活、保护公共环境、保护动物、保护资源等，同时引导学生将这些行动进行分类及补充。

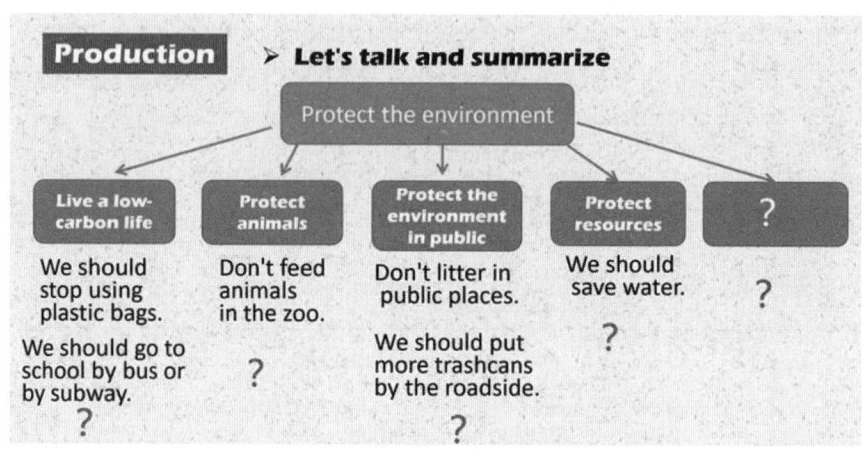

图8-9　单元任务示意图

这个单元主题结构化的梳理活动也是本单元的单元任务之一，因为学生通过学习必须对一个单元的基于主题的整体有一个认识，通过这样图表结合的方式，引导学生整理归纳后，形成一定的框架。随着对环保主题探讨的深入，学生可以不断地往里面补充新的思考和新的内容。

四、结语

基于主题意义探究的单元整体教学有助于教师根据主题整体统筹教学资源，设计主题意义探究活动，深入探究主题意义。在基于主题意义探究的小学英语单元整体教学中，以主题意义探究为中心，以语篇为依托，提炼单元主题，建立各个语篇子主题之间的有机关联。基于主题意义，诊断学生已知、难点和发展点，合理规划单元目标。围绕目标，设计教学环节和学生活动。通过丰富的教学活动和层层递进的活动设计，促进语言学习与主题意义探究，促进英语学科素养的不断提升。

参考文献：

[1] 王蔷,周密,蒋京丽,闫赤兵.基于大观念的英语学科教学设计探析[J].课程.教材.教法，2020, 40（11）：99-108.

[2] 程晓堂.基于主题意义探究的英语教学理念与实践[J].中小学外语教学（中学），2018, 41（10）：1-7.

论文三　应用"混合式教学"方式促进学生自主学习能力的提升

北京市东城区前门小学　王璟

一、研究综述

（一）传统小学英语课堂学习存在的问题

传统小学英语课堂教学（C-learning）是典型的"以教师为中心，以传授知识为主"的学习，教师是知识的传授者，是主动的施教者，并且监控整个英语教学活动的进程；学生是知识传授对象，是外部刺激的被动接受者。

（二）混合式学习的本质

混合式学习的本质，就是在教学设计中混合不同的学习理论、学习资源、学习方式和学习风格来帮助学习者在学习过程中获得最优的学习效果。混合式学习活动可以看作是学习者为达到预先设计的学习结果，在教师的有效指导下，把学习内容、学习方式和学习环境等活动组成部分交互应用的一个动态过程。

（三）混合式学习模式的优势

1. 扩大了学习者参与学习的机会，提高了学习效率

混合式学习模式是学习可以随时随地发生，更充分地发挥课堂学习的效果。

2. 有利于将学生引向自主学习

在混合式学习模式中，老师会将一些学习任务放在课下请学生们自行选择进行学习，如果学生没有在课下完成相应的学习任务，那么在课堂上可能无法参与课堂活动，以此促使学生自主学习。

3. 有利于个别化，个性化的学习

混合式学习模式的方式，可以满足不同学生的需要，如教师在课前布置前置学习任务，请学生自行收集自己关于某一主题自己想要解决的问题。对于能

力较高的学生和能力较弱的学生，他们收集到的问题可能就会根据自己的能力有所不同。那么在课堂教学中，他们学习的重点也会不同，但对于每一类学生在课后都会得到最适合自己的收获。

二、相关研究和理论基础

何克抗教授认为："所谓混合式学习就是要把传统学习方式的优势和e-Learning（即数字化或网络化学习）的优势结合起来。建构主义学习理论：知识不是通过教师的直接传授得到的，而是学习者在一定的情境中，借助于教师和其他学习者的帮助，通过意义建构而主动获得的。"

三、混合式学习教学设计课例分析

教学设计：《小学六年级综合实践课程：奥运大冒险》

（一）教学设计

1. 教学目标

（1）了解、认识最近几届夏季奥运会和冬季奥运会的举办地、口号、吉祥物等英文知识，并能够用英文表达奥运会举办地、口号、吉祥物等。

（2）能够在小组中共同介绍一届奥运会。

2. 教学过程

第一阶段：奥运古城探秘

第一关　获取文字密码：学习奥运相关词汇；

第二关　获取音乐密码：学唱奥运歌曲；

第三关　开启古城宝藏：学习奥运历史知识，主要是现代第一届奥运会知识；

第四关　打败古城怪兽：在游戏中巩固、练习课前所学知识。

第二阶段：（课堂学习）奥运城市历险

第一关　开启奥运城市：小组展示课前学习成果；

第二关　参观奥运城市：学习六届奥运会知识，了解六个举办城市；

第三关　奥运城市寻宝：小组选择一届奥运会，通过阅读相关短文，观看相关视频，讨论并解答问题，小组制作奥运海报，练习介绍这一届奥运会，并在全班展示。

第四关　再起奥运征程：下课前，小组统计总结本组仍待解答的奥运问题，在老师所提供的课后学习方式中选择一种准备进行课后学习。可选学习方式：推荐书籍学习，网络学习，参观学校奥运乐园学习。

第三阶段：（课后学习）勇攀奥运高峰

每个小组成员根据自己选择的课后学习方式进行学习，首先进行个人学习，然后小组汇总学习成果，合作找到所有问题答案即可。回答完课堂遗留问题后，还可以自行选择其他的奥运知识自行学习，还增加自己的火炬数。

第四阶段：（成果展示）冒险收获展示

全程冒险旅程（奥运主题学习过程）结束后，利用课堂时间，总结、展示学生的冒险收获（学习成果），奖励优秀小组。

（二）前置教学分析

在此教学过程中，前置教学有别于传统教学，有效促进了学生自主学习。

1. 前置学习中的教师活动：

（1）创建个人网页：在网站 www.wix.com 创建个人网页。

（2）创建专门学习板块：在个人网页中设置板块 Olympic Games Adventure.

（3）添加特定学习内容：在 Olympic Games Adventure 板块中下设四个小板块，分别为 words password、music password、ancient treasure、ancient monster。

分别以游戏的方式引导学生学习奥运词汇，学唱奥运歌曲，学习现代第一届奥运会的知识，并在第 4 个小板块中对所学知识进行巩固练习。

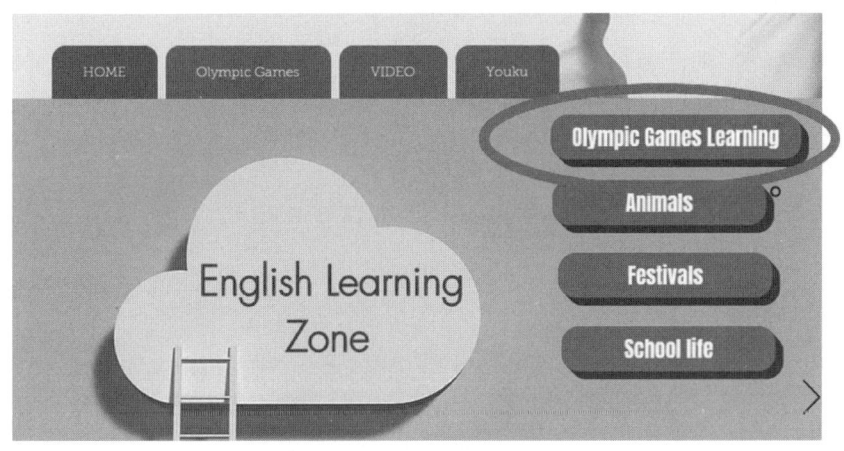

图8-12　网页学习板块

设计下发冒险收获卡（学习评价记录表）：

学习评价记录表在课堂学习前三天发给学生。学习包括四个阶段，每一阶段，学生均可获得学习奖励（火炬），整个冒险旅程（奥运主题学习过程）同学们要依靠智慧、勇气和毅力，通过努力，争取奖励（火炬），不同阶段学生可以在此卡上粘贴记录自己火炬收获情况。火炬的获得有明确规定，分为自评、小组互评、家长评、老师评几个部分。评价方面也涵盖知识掌握、成员互助、主动探索（即主动学习）等。

（5）协助学生分组：分组以学生自愿为主，教师协助为辅，全班分为6组，每组5人。

（6）课前回收学习评价表，统计总结学生课前学习情况：根据学生自评、互评、家长评了解学生课前学习情况。并根据课前学习观察给出教师评价，再下发学习评价表，以供课堂和课后学习使用。

2.前置学习中学生活动：

（1）上网学习：登录学习网页，在特定学习板块进行四部分的学习。学习时间3天。

学习评价：利用学习评价表进行自评和家长评价。

（2）小组活动：在教师的协助下全班分为6组，每组5人。小组内成员按照评价标准互相检查课前学习情况，保证每位组员都获得8个火炬，全部成员都获得8个火炬后，小组可以和老师领取一张优先选择卡，在课堂活动中可以使用。

学习评价：再次进行学习评价，本次评价为学生互评，重点是在小组内部团队合作情况方面的评价。

（三）本课例中混合式学习方式应用的反思

本课例中混合式学习方式应用有效地促进了学生的自主学习，主要表现在以下几个方面：

1.环节设置趣味性强，激发自主学习。

环节名称：吸引力强，从名称上淡化背诵、记忆等枯燥的书本学习形式，突出探索、发现等激发学生求知欲望的字眼，激发学生主动发现和探索知识。

活动内容：游戏为主，玩中学，没有机械式抄写，而是有趣的游戏练习。

2. 重视前置、拓展环节，助推自主学习。

本课学习从前置活动开始至拓展活动结束是一个完整的学习过程，课堂教学只是其中一个环节，前置学习为后续学习奠定了坚实的基础，必不可少，评价中也体现了前置的重要性，每个小组成员都获得至少8个火炬可以获得课堂活动的一个优先选择权，为学生自主学习注入动力。

3. 评价贯穿始终，鼓励自主学习。

本课的学习评价表使用贯穿始终，评价方面涵盖广，评价人员多，学生可获得奖励的方面也多，这就大大促进了学生的自主学习探索，同时起到很好的监督管理效果。

本课例中混合式学习方式应用的不足之处：

（1）自控力不足的学生上网学习的效率较低，同样进行一个学习活动，有的同学耗时过长，耽误了时间，也没有很好的学习效果，今后的教学设计中，教师还应在网络学习任务布置时进行更有效的设计，如：在规定时间内完成学习任务，可以获得奖励等，以提高学生网络学习的效率。

（2）对个别能力稍弱的学生，小组成员会努力地帮助他，以免拖累小组，但其他组员的过分的督促会使这类学生产生焦虑和羞愧的情绪，教师应通过评价、课前调查等环节更细致地观察学生，帮助这类学生，做到个性化教学。

四、结语

以"混合式"学习方式开展教学，采取前置教学，后续学习活动，有效地扩大了教学的宽度和广度；能够尽可能地激发学生的自主学习能力。混合式教学所培养的学生能力更能适应现今社会对人才的要求，在后续的教学活动中笔者会在混合式学习应用中进一步实践和探索。

参考文献：

［1］王晓东. 混合式学习在小学英语教学中的应用研究［J］.中小学数字化教学，2017（01）：35-37.

［2］付文瑶. 小学英语混合式学习活动的设计研究［D］.上海：上海师范大学.

论文四　浅谈基于主题意义探究下的小学英语单元整体教学设计

赵晨曦，北京联合大学教育硕士（小学教育领域）

参与前门小学英语学科教育实践

一、核心概念界定

（一）主题意义探究

程晓堂认为，主题意义探究就是围绕着某一主题开展探讨和研究活动，最终体会到意义所在的过程。置于课堂教学中，就是围绕着一个主题，设计课堂教学的目标、内容和活动。

（二）单元整体教学

根据已有的研究，学者们也对单元整体教学的概念进行了探讨，大致可以分为以下几种类型：

第一种类型认为单元整体教学是一种教学方法。如陈敏认为，单元整体教学是从教材整体出发，以整个单元系统为考察对象，并以单元知识及训练的要求为纲，通过对各篇课文之间内在联系的分析来把握知识内容的教学方法。

第二种类型认为单元整体教学是一种教学模式。如江苏省一线小学教师奚洁认为，单元整体教学就是立足于单元整体，关注教学素材之间的内在联系，聚焦单元主题，以结构化学程的整体建构和推进来引导学生走进深度学习的教学模式。

第三种类型认为单元整体教学是一种实际操作。如广东省特级教师何建芬认为，单元整体教学是以学生发展为本，以单元作为教学基本单位，有机整合课程资源，整体构建单元目标，根据学生学习实际态势与需求设定课堂教学流程的实际操作。

二、学情分析

第一单元是学习表示情感的话题。学生在二、三年级已经接触了表示"情绪"的单词，如 happy, glad, angry 等。对于 Where did he go? 这一句型，学生在二年级下学期学过 Where are you? Where is my T-shirt?，所以对于 where 引导的特殊疑问句学生们都很熟悉。

三、教学设计

本文将以北京版《英语》四年级上册 Unit 6 May I take your order? 的单元整体教学设计的第一课时为例，即 Lesson 19 的教学设计，具体阐述基于主题意义探究的小学英语单元整体教学的设计思路。

（一）整合单元教学内容

教材是实现教学目标的重要材料和手段，义务教育阶段的英语教学要求教师把握教材特征，深入分析教学内容的语言运用特性，准确理解教学内容的语境，善于利用教材的优势进行教学。在教学中，教师也要善于根据教学的需要，对教材加以适当的取舍和调整。

1. 各单元之间的联系

在本册中，各个单元间的联系并不是十分密切，只是与第五单元有一些相关，第五单元是到商店购物的有关用语 Which kind would you like?，本单元是到餐厅就餐的有关用语 May I take your order? 第五单元已经出现过 Can I ...?/ May I ...? 为本单元询问他人点餐的句型做了铺垫，学生理解、掌握起来较为容易。

2. 单元内容分析

本单元以在不同的餐厅点餐的场景为主线，第 19 课将要学习在中餐厅内询问他人以及表达自己想要吃什么的问答句 What would you like to eat?/ I'd like... 第 20 课将要学习在西餐厅内，询问他人点餐内容的问答句 May I take your order now? / I'd like... 第 21 课将要学习在快餐店内，描述食物以及所用费用和找零的句子 It's thirty yuan./ Here is your change.

（二）确定单元教学主题

本单元以点餐为主线，带学生走进中餐厅、西餐厅和快餐店三个不同场景，体会如何点餐以及询问他人点餐的内容，培养学生合理膳食、保持健康的良好生活习惯。

（三）确定单元整体教学目标

能听懂、会说本单元有关点餐和询问他人点餐想法的表达方式和相关词汇，并能够在语境中恰当运用和交流；

通过跟读录音和动画，以及参与 pair work 和 role play 等活动，使学生能够正确朗读、理解课文，并主动参与课堂活动；

通过观察图片、操练句型的方法，使学生能够巩固掌握关于询问"你想要吃什么"的日常交际用语 What would you like to eat? 以及有关点餐的用语 May I take your order now？；

通过创设语境的方法，使学生能够在语境中理解、运用单词，并将单词根据不同的条件进行分类；

能够主动询问别人的饮食喜好，从而树立均衡膳食、健康生活的良好观念和意识。

（四）第一课时教学过程

下面以本单元 Lesson19 第一课时为例，呈现本课教学设计：

Step 1　Warming-up

活动 1：情境引入

问题链：

It's a wonderful day. Look! Who are they?

They will go shopping by car. Where will they go?

There are different kinds of stores in the shopping mall. They go to a clothes store. What will they do?

设计意图：教师通过设计 Mike 一家出行的场景，将对话的内容情景化。卷入学生的生活实际经验，拉近课堂与生活之间的距离。

活动 2：感知 restaurant

问题链：

Mike's dad watches his watch. What time is it?

It's time to have lunch. In this shopping mall, where should they go?

What kind of restaurant do you know? What can we do in the restaurant?

What can we eat in the restaurant?（学生预估回答 I know Pizza Hut. ...We can have food. We can drink something. ... We can eat...）

There are different kinds of restaurants. The Chinese restaurant, the western restaurant and the fast-food restaurant. Can you guess which kind of restaurant will

Mike's family go?

Why you think so? What do you see from the picture?

设计意图：在师生对话交流中，将学生逐渐引入到本课的话题中。引入本课主题情景 At the restaurant，并在和学生的交流中，启发学生结合自己的实际生活经验，帮助学生归纳总结不同种类的餐厅。

活动 3：感知 Chinese food

Mike and his parents like Chinese food. They look at the menu. Let's read the menu together.

设计意图：通过观看动画视频帮助学生激活已有的知识，利用问题帮助学生提取信息，信息中含有本课学习中需要理解的生词，包含中餐的食物名称和用餐地点。激发学生学习的欲望。

活动 4：学习食物分类方法

We can see so many kinds of food in the menu. We can see fruits, vegetables, grains and protein here. Let's put the food into different parts together.

设计意图：通过将中餐厅菜单中的食物进行分类，帮助学生了解食物可按照水果、蔬菜、谷物和蛋白质进行分类，帮助学生初步建立均衡膳食的概念，初步渗透健康饮食的观念。

Step 2　Presentation and practice

活动 1：整体感知课文内容

What would mom/Mike/dad like to eat in the restaurant?

活动 2：体会课文细节内容

（1）Fill in the chart

Listen to the tape and then answer these questions:

What would mom/Mike/dad like to eat in the restaurant?

设计意图：引导学生完成表格任务单，在完成任务的过程中帮助学生聚焦本课功能句型，通过完成任务单，帮助学生快速进入课文内容的学习，为下一步的重点词汇学习做铺垫。

（2）Read and learn

A. 理解 healthy 的含义

Here is some food. Vegetables are healthy food. Fried chicken wings are unhealthy.

Now, look at this food. Can you group the healthy food and unhealthy food?

B. 学习 sweet and sour fish

问题链：

Can you tell me which kind of food is sweet or sour?

Mike wants to have the sweet and sour fish. Which picture is the sweet and sour fish?

C. 学习 meatballs

Do you know the meaning of "meat" and "ball"? If we put the two words together, and please look at the picture. Can you guess the meaning of meatball?

设计意图：通过多种方式，借助文本信息和辅助的动画以及图片，帮助学生学习本课的新单词。在此环节中，进一步帮助学生体会均衡膳食的意义以及初步形成健康饮食的观念。

（3）Listen and Answer

问题：Please listen to the tape and answer: How to order food and drinks in the restaurant?

设计意图：将对话中点餐的礼貌用语做遮挡处理，引导学生通过听并关注遮挡部分的语言，强化这一功能句型在学生头脑中的印象。

（4）Listen and Read

Please follow the tape and read the dialogue one sentence by one sentence.

设计意图：在处理生词和功能句型后，通过逐句跟录音朗读，使学生能够以句子为单位感知课文，内化语言。

（5）Watch and answer

问题链：

Listen to the tape and then finish these questions: Who is coming?

What does the waiter say?

设计意图：通过引入服务生这一角色，使学生丰富对于询问他人点餐用语的了解。

（6）Read and learn

问题链：

Please look at the picture and tell me: Which one is the Chinese cabbage?

（Chinese cabbage and potatoes）Is it healthy?

活动 3：Watch and Act

Please watch the video and choose one person to act.

设计意图：通过跟读对话并选择一个人物进行表演的活动，帮助学生理解和操练本课主要的单词和功能句型，提高学生的语言表达能力。

Step 3　Production

活动：Role Play

学生 4 人为一个小组，根据已经学过的句型进行对话创编，并以小组为单位上台展示。

问题链：

Please four students in a group and make a new dialogue. I will choose some of you to act in the front.

Shall we give the dialogue a title?

设计意图：通过创编对话环节，使学生把课文语言内化为自己的语言，提高学生的综合运用语言的能力。

Homework

活动：Make your menu for dinner.

For today's homework, please make your own dinner menu. Please put the name of food you would like to have for dinner into the table and be careful to the four different kinds of ingredients.

设计意图：通过设计自己的晚餐食谱，帮助学生复习有关食物的词汇，并在均衡饮食理念的指导下，深化对食物分类的理解，逐步形成健康饮食的观念。

参考文献：

［1］梅德明，王蔷．普通高中英语课程标准（2017 年版）解读［M］．北京：高等教育出版社，2018.

［2］中华人民共和国教育部制定．普通高中英语课程标准（2017 年版，

2020年修订）［S］.北京：人民教育出版社，2020.

［3］程晓堂.基于主题意义探究的英语教学理念与实践［J］.中小学外语教学（中学），2018，41（10）：1-7.

［4］奚洁.单元整体教学视域下的教材解读和教学建构［J］.语文建设，2020（14）：33-38.

第三节　教学反思

教学反思是指教师以自己的教学活动过程为思考对象，对自己所做出的某种教学行为、决策以及由此所产生的结果进行审视和分析的活动。在进行课程设计与实践的过程中，反思始终是我们完善和改进的重要手段，教师团队的老师们通过反思记录自己的实践过程中的得与失，逐步完善和提高自己的教育教学科研水平。下面选取的两个反思案例，是老师们对自己的教学实践的点滴思考，是研究型教师成长历程的真实记录。

教学反思一　一节英语阅读课后的所思所想

北京市东城区前门小学　　熊艳

英语阅读在英语学习中的重要性，作为一名英语教师是非常清楚的。英语阅读是语言输入的主要环节之一，在英语教学中占有重要地位，因此培养学生的阅读能力是英语教学的主要教学目标之一。

作为一名老教师，虽然自参加工作起，教了25年的英语课，没少上英语阅读课，但是如何上好英语阅读课，真的是让教师和学生头疼的老问题。很多学生的阅读兴趣不高，动力不足，方法不当。在英语阅读课上的表现真的让教师失去教学的兴趣。认真探究其中原因，也并非与教师完全无关，部分教师在阅读教学实践中，更侧重于进行语篇的分析理解，语法知识点的讲解，而对于阅读方法的培养，训练学生思维能力、理解能力、概括能力与判断能力没有足够的重视。因此导致了学生普遍存在阅读速度慢、理解能力差的现象。

即使听了那么多的英语阅读教学课，看到人家的阅读课上得那么精彩，有那么多的教法可用，但到自己上的时候却完全一片空白，甚至是非常的茫然，不知道该怎样去讲。带着这些教学中的疑惑和教授阅读课时的顾虑，我开始了本次课堂教学实践的探索，希望通过本节课的教学尝试，提高自己阅读教学的能力，解决一些心中的困惑。

这次上课我教的内容是一篇科普阅读绘本，内容是关于"Sounds"的。学生们通过之前阅读课学习，对于故事类的绘本学习比较有经验。学生上阅读课总是非常的开心，并能按照教师提供的学习方法完成自己的探究学习。而科普类绘本的阅读教学我之前尝试得很少。我按照经验精心准备了教具，如吉他、铃铛，甚至要求学生准备了自己的乐器。按照以往的教学经验上成了一节精读课。课堂上学生因为是公开课，有些紧张，但却积极地配合教师教学，非常卖力地表演着。我觉得自己的精心准备没有白费，课堂上又是努力地拨拉吉他，又是费劲地按照简单的节奏敲打着鼓，一切似乎按部就班地进行着。课上完了我很开心。

课后，通过和北师大马欣老师的交流，特别是在听了马老师的评课之后，我的脸一阵红一阵白，心里不是个滋味。马老师说，阅读课应该有自己的特点，不同于我们的日常教学，不应是精读课或朗读课，虽然我注重纠正错音和语法点，但这恰恰失去了阅读课的特点。小学更应注重于培养兴趣和教会能力。

通过这次阅读教学的尝试，使我既看到了差距，又认识了不足。听着马欣老师的评课，按照她的提示我再一次设计了教学思路，并修改了课堂教学幻灯片，重新上了一节阅读课，我发现学生的收获真的是不少。

通过评课研讨活动，我认识到自己在课堂教学中还存在着差距，作为一线教师太需要专家的指导了。他们看似简单的指导恰巧为我们指明了方向，希望这样的机会更多些。

教学反思二　我的英语阅读教学的收获与体会

北京市东城区前门小学　任艳竺

本学期，我选取了"大猫英语分级阅读"二级1当中的一本书"Tec and the Hole"给二年级的孩子们上了一节阅读课。在备课和上课的过程中，有一些体会和收获。

一、面向全体，因材施教

在阅读教学过程中，要面对各类学生。我在设计这节课时注重难度适中，让大家都参与。我根据学生的个人素质、性格特点等，因材施教，分层要求。特别是英语技能较弱的孩子，我给他们提供模仿大侦探 Tec 简单语言和动作的机会，而对于英语技能较强的孩子们，我为他们提供了广阔的充分发挥想象力的猜测的机会，让他们尽情地用英语表达，以求用最有效的激励机制促进学生不断上进，再激发他们的发现—猜测—推测—阅读的趣味性，培养他们的独立思考和合作探究的创新精神。在学习过程中他们学会客观地评价自我和评价他人，由此产生的成就感又转化为无穷尽的学习后继力。

二、注重阅读策略的渗透

掌握有效的阅读策略是培养学生自主阅读的重要条件之一。但小学生的阅读策略尚处于形成期，因此在学习过程中，教师应当逐步培养学生的阅读策略。课前预习是提高阅读课堂教学效率的前提。人们可能会认为，小学生拼读能力差，词汇量少，而且不是每位家长都能辅导自己的小孩，怎么能谈得上预习呢？其实这种想法大可不必。学生阅读之前教师应及时给学生提供有关课文内容的背景知识材料和预习练习，指导学生预习。比如在上"Tec and the Hole"一课前，我给学生布置了"你都知道哪些动物的英文名字？了解哪些动物的习性？哪些动物会挖洞？"等与故事教学有关的背景知识。学生在课上就可以根据提前预习到的背景知识进行大胆的猜测和推测。

三、巧妙设计阅读课教学步骤

1. 引入新课：就是把课文的主题呈现给学生，使学生的注意力集中到课文提供的语言情境中来，激发学生的阅读欲望。

2. 做出预测：就是预先推测或测定。预测是阅读的重要组成部分，教师可以引导学生根据故事的题目或图片去预测故事的主要内容、可能用到的词汇，教师也可以引导学生根据教师所给的主要词汇预测故事的主要内容和主要句子。

3. 设计任务：英语阅读教学必须在主体参与方面解决问题，增加学生参与阅读实践的机会和时间。

4.有效练习：拓展阅读能力的空间。阅读课后，教师不但要让学生练习、巩固和扩展在阅读课中新学到的语言知识，还要发展其说和写（中高年级）的能力。课后练习有多种多样的形式，要针对不同的阅读课而设计不同形式的练习，如表演课文、复述故事、续编故事等。

四、积极创设情景，提高阅读教学的质量

在小学英语教学中，阅读环境是学生可以在其中进行自由探索和自主阅读的场所。通过情景创设引导学生学习语言已经成为共识，而且贴近学生生活的、真实自然的语境的创设，更利于激活学生参与学习的热情。在本节课的教学过程中，我为孩子们准备了大侦探用的侦探帽、放大镜，并且在整节课的教学中，教师始终穿着大侦探的风衣，为孩子们营造了神秘的氛围，孩子们在此环境中可以利用各种工具和信息资源，来达到自己的学习目标。

在今后的英语教学中，我要更加充分地发挥阅读教学的作用，培养学生良好的阅读习惯，为学生的终身发展奠定基础。

参考文献

[1] 林崇德. 21世纪学生发展核心素养研究[J]. 教育科学论坛, 2016 (20): 63-64.

[2] 梅德明. 基于核心素养的英语学科课程发展——课程目标演进的价值取向[J]. 英语学习, 2016, 000 (012): 6-12.

[3] 程晓堂, 赵思奇. 英语学科核心素养的实质内涵[J]. 课程·教材·教法, 2016, 036 (005): 79-86.

[4] 钟启泉. 基于核心素养的课程发展：挑战与课题[J]. 全球教育展望. 2016, (12): 3-25

[5] 崔允漷. 校本课程开发：理论与实践：theory into practice [M]. 北京：教育科学出版社, 2000.

[6] 黄光雄, 蔡清田. 核心素养：课程发展与设计新论[J]. 阅读, 2018 (47).

[7] 中华人民共和国教育部制订. 普通高中英语课程标准：实验[M]. 北京：人民教育出版社, 2017.

[8] 朱传世. 全面构建学科实践活动课程[J]. 北京教育（普教版), 2016 (8).

[9] 蔡清田. 核心素养导向的校本课程开发[M]. 东北师范大学出版社, 2020.

[10] 杨四耕. 学校课程变革的逻辑与深度[J]. 上海教育,

2016（9）：27-28.

[11]裴娣娜．学校教育创新视野下中国基础教育课程改革的实践探索［J］．课程·教材·教法，2011.

[12]吴刚平．校本课程开发的基本理念与操作流程［J］．乐山师范学院学报，2003（06）：1-5.

[13]袁洪婵．全语言——理论基础，实践，启示［J］．外语与外语教学，2001，000（008）：6-8.

[14]蔡清田．国民核心素养之课程统整设计［J］．上海教育科研，2016：7-11.

[15]熊梅．校本课程开发的行动研究［M］．北京：教育科学出版社，2009.

[16]施良方．课程理论：课程的基础、原理与问题[M].北京：教育科学出版社，1996.

[17]程振响．学习型学校建设的现状，问题及对策研究——基于江苏省中小学（幼儿园）的调查研究报告［J］．江苏第二师范学院学报，2007（1）：15-20.

[18]吴灯．学校学习型组织：模型构建及实践形态［J］．今日教育，2015（3）：30-31.

[19]温格．实践社团：学习型组织知识管理指南[M].北京：机械工业出版社，2003.

[20]王建平．构建课程群落，提升课程质量［J］．基础教育课程，2018，000（017）：19-23.

[21]华国栋．差异教学论（修订版）[M]．北京：教育科学出版社，2014.

[22]中华人民共和国教育部制订．普通高中英语课程标准：实验［M］．北京：人民教育出版社，2020.

[23]张敏．学生评价的原理与方法［M］．杭州：浙江大学出版社，2010.

[24]中华人民共和国教育部制定．义务教育英语课程标准：

2011年版［M］．北京：北京师范大学出版社，2011．

［25］王晓东 等 义务教育阶段学业标准与评价 小学英语［M］．北京：北京师范大学出版社 2017．

［26］王蔷，李亮．推动核心素养背景下英语课堂教一学一评一体化：意义,理论与方法［J］．课程•教材•教法，2019（5）：114-120．

［27］余林．课堂教学评价［M］．北京：人民教育出版社，2007．

［28］王蔷，孙琳，程晓堂，等．小学英语课程体系整体创新的实践与探索［M］．上海：上海教育出版社，2012．

［29］王蔷，陈则航．中小学生英语分级阅读标准的研制与内容概览［J］．中小学外语教学，2016．

［30］罗少茜．解读"任务型的教学途径"：任务、真实性、任务链［J］．中小学外语教学，2002，（11）．

［31］闫萍．问题与对策——基于现状分析的前门小学英语绘本阅读课程设计与实施［J］．英语学习，2018，000（005）：61-64．

［32］闫萍．基于多维文本解读的小学英语绘本阅读教学课例研究——以《大猫英语分级阅读》"Tec and the Hole"一课为例［J］．英语学习，2018（1）．

［33］闫萍．进步即成长——北京市东城区前门小学"英语进阶阅读课程"的设计与实施［J］．教育家（18）：2．

［34］Carroll, D. W. Psychology of Language (third edition)[M]. Beijing: Foreign Language Teaching and Research Press, 1999.

［35］Gardner H. Frames of Mind: The Theory of Multiple Intelligences[J]. Quarterly Review of Biology, 1985, 4（3）:19-35.

［36］Jaspers K. Karl Jaspers: Basic Philosophical

Writings: Selections [J]. German Philosophy, 1986.

[37] Tomlinson, C. A. "How to Differentiate Instruction in Mixed-Ability Classrooms. 2nd Edition" [J]. Ability Grouping 2001: 90.

[38] UNESCO. Changing Teaching Practice: Using Curriculum Differentiation to Respond to Students' Diversity [M]. Paris: UNESCO, 2004.